Colosseo

Piazza Navona

9 Via Appia Antica
Archäologen-, Biker- und Joggerparadies, gesäumt von antiken Katakomben. Sonn- und feiertags autofrei, alltags aber viel Verkehr (Seite 38)

10 Galleria Borghese
1000 Kunstwerke, unzählige Skulpturen Berninis und die strahlende Nacktheit der Paolina Borghese von Canova im barocken Lustschloss des Kardinal Borghese (Seite 47)

11 Palazzo Altemps
Aphrodite und andere göttlich schöne Models der Antike in einem prunkvollen Renaissancepalast, der allein schon einen Besuch lohnenswert macht (Seite 50)

12 Scuderie Papali (Päpstliche Stallungen)
Die neomoderne Architektin Gae Aulenti hat den alten Marstall der Päpste kräftig ausgemistet und ein schickes Ausstellungszentrum daraus gemacht (Seite 50)

13 Cappella Sistina (Sixtinische Kapelle)
Ein ganz neuer Michelangelo: Bei der Restaurierung in den 1990ern kamen fröhliche, helle Schockfarben zum Vorschein (Seite 51)

14 Caffè della Pace
Unter rankendem Efeu trifft sich die römische Szene. Ein Muss unter den Cafés der Ewigen Stadt (Seite 57)

15 Gelateria Giolitti
Ein Hit bei sommerlicher Hitze, wo sich Prominente und Politiker treffen. Selbst der Papst ordert in der berühmten Gelateria (Seite 57)

★ Die Highlights sind in der Karte auf dem hinteren Umschlag eingetragen

Entdecken Sie Rom!

Buntes Treiben, mediterrane Lebensart und museales Flair – all das und noch viel mehr bietet die antike Metropole

Was tut da der schöne Mann mit dem eleganten Tropenhelm und weißen Stulpen mitten im Chaos, mitten in Rom auf dem kleinen Pult auf der tosenden Piazza Venezia? Die Hüfte hat er leicht gebeugt, den Arm angewinkelt, die Hand wie Michelangelos Adam ausgestreckt. Ein Karajan in Uniform. Wird jetzt gleich die Geige schluchzen, die Pauke dröhnen, das Orchester einsetzen zur 9. Symphonie? Troommh! Nur ein disharmonisches Röhren der Motoren, Knattern der Mopeds, Rasseln der Dieselmaschinen der alten orangefarbenen Busse. Alle fahren gleichzeitig, und schon ist die Piazza wieder verstopft. Fünfzig Verstöße in wenigen Sekunden, armer Verkehrsdirigent!

Doch wenn Sie das Verkehrschaos wie alle Römer mit der nötigen *pazienza*, Geduld, ertragen und endlich auf der wunderbaren Piazza Navona sitzen, der Kellner Ihnen mit elegantem Schwung den cremigen Cappuccino mit dem obligaten Glas Wasser serviert, dann werden Sie merken, dass Rom doch erste Sahne ist. Und dass sich in den letzten Jahren auch vieles verbessert hat! Seit Barockbaumeister Berninis Zeiten war das historische Zentrum nicht mehr so herausgeputzt. Abgasgeschwärzte Fassaden erstrahlen wieder in frischen Farben, in Kirchen wie S. Andrea del Valle regnet es nicht mehr durch, die Galleria Borghese ist nach 17-jähriger Restaurierung aus ihrem Dornröschenschlaf erwacht. Aphrodite schaumgeboren und andere göttliche Skulpturen residieren endlich wieder standesgemäß in den neuen Antikenmuseen Palazzo Altemps und Palazzo Massimo. Das Forum Romanum, das Herz der Antike, steht jetzt wieder allen Römern offen. Und wenigstens sonntags sind die Via dei Fori Imperiali

Die Spanische Treppe: Treffpunkt für Römer und Touristen

Idyllisch: Terme di Caracalla

und die Via Appia Antica ein Fußgängerparadies.

Wunderbares Rom! Wer es entdecken will, gehe auf die Piazza. Auf die Piazza Navona oder irgendeine andere. Sie ersetzt den Römern den *salotto*, die gute Stube, denn viele wohnen laut und scheußlich an der Peripherie oder eng auf eng bei der Schwiegermutter. Aber die Piazza ist das Leben: Markt, Jahrmarkt, Schwatzbörse, Demonstrations- und Andachtsort, Richtstätte des guten Geschmacks und Circus Maximus der Eitelkeit, wo die Italiener ihrer kostenlosen Lieblingsbeschäftigung nachgehen und *bella figura* machen. Das heißt, mit unnachahmlicher Eleganz, dem banalen Alltag enthoben, herumstehen und doch ein Auge für ansehnliche Touristinnen riskieren.

»Wer Rom entdecken will, gehe auf die Piazza«

In Rom hat noch jeder seinen Platz gefunden. Mag der Heilige Vater über dem größten, pompösesten und fotogensten Forum, dem Petersplatz, wohnen und thronen – aber einer der beliebtesten Treffpunkte der Römer ist eher die Piazza Navona, lang gestreckt und doch geschlossen, lebhaft, farbig und doch intim.

Dabei ist auch diese barocke Bühne weltlicher Lustbarkeiten ein Werk der Päpste, wie viele der dekorativsten Plätze und Straßen in Rom. Auf dem Grundriss des antiken Wettkampfstadions von Kaiser Domitian (86 n. Chr.) ließ Papst Innozenz X. (1644–55) den barocken *circo agonale* (griechisch: agon = Wettkampf) bauen, den die Römer zu Navona verballhornten.

Patrizier und Kirchenfürsten vergnügten sich von den Fenstern ihrer Paläste aus an wilden Kampfspielen. Wo Sie heute sitzen, rasten die Pferde wie beim Palio von Siena rund um den Platz. Stierkämpfe gab es nach klassischem Vorbild.

Scioperi

Nichts geht über einen schönen Streik

Sie gehören zu Italien wie die Pizza und das blaue Meer: die Streiks. In immer neuen Spielarten: reguläre, generale, wilde, angekündigte, im letzten Moment abgeblasene und deshalb besonders wirkungsvolle. Eigentlich alle Berufsgruppen finden im Streik ihren höheren Lebenssinn: Fluglotsen, Klofrauen, Anästhesisten, Kinovorführer, Museumswärter, Lehrer, aber auch Schüler, Polizisten, Taxifahrer, Hebammen und Bankkassierer. Sogar die italienischen Angestellten im Vatikan drohen hin und wieder mit Niederlegung ihrer profanen Arbeit. Wenn Sie also in einen Streik von irgendwem geraten, machen Sie es wie die Römer, die durch die Nähe zum Vatikan mit einer Engelsgeduld ausgestattet zu sein scheinen: *pazienza*! Jeder *sciopero* hat mal ein Ende.

Herrlicher Blick über Rom vom Dachcafé der Kapitolinischen Museen

Wenn Sie lange genug verweilen, reiten auch die zwei Carabinieri, meist ein schönes Mannsbild und ein Bild von einer Frau, kein Stäubchen an der Uniform, auf glänzenden Füchsen vorbei. Der Pferdeschwanz der Dame, Ton in Ton mit dem Reitpferd, wippt hinterher. Die Piazza ist dazu da, um *bella figura* zu machen!

Jeder findet seine ganz spezielle Piazza. Vielleicht zieht es Sie mehr zu den kulinarischen Genüssen auf dem Campo de'Fiori, dem buntesten Fressmarkt Roms. Seinen Namen verdankt der Platz einer Blumenwiese, auf der im Mittelalter Rinder weideten. Blumen gibt es hier auch, aber vorherrschend ist der Duft von Apfelsinen, Fisch und Meeresfrüchten.

Abends erobern die Wirte die Bankette von Verkehr und Falschparkern zurück und stellen sie mit weiß gedeckten Tischen und Blumenkübeln voll. Um den Campo de'Fiori und in den umliegenden Gassen lässt es sich in zahlreichen Restaurants gut sitzen und speisen.

»Abends erobern die Wirte die Bankette«

Auf der nächtlichen Piazza della Rotonda vor dem Pantheon treffen sich die römische Schickeria, Stars, Sternchen, Politiker und sonstige VIPs in schwarzem Hemd und weißem Sommerleinen, während die Schüler und Studenten, junge Vespafahrer und ihre Motorradbräute aus den tristen Betonburgen an der Peripherie der Stadt, die sich die teuren Cafés an der Piazza nicht leisten können, sich in der Via del Seminario mit *panini* (Brötchen) und *tramezzini* (Weißbrotschnitten) eindecken und sich an den Brunnen vor dem Pantheon setzen, der klares Trinkwasser und immer einen guten Ausblick garantiert.

Auch die kleinen Plätze in Roms größtem Dorf *Trans Tiberim*, also jenseits des Tiber, lohnen nicht nur am Abend, wenn die Wirte ihre Tische auf die Straße stellen. Auch wenn Trastevere seit den 1950-er Jahren künstlich herausgeputzt wurde und viel seiner Patina verlor, es finden sich noch immer lauschige Ecken mit plätschernden Brünnlein, gescheckte Katzen, die auf den Mülltonnen Siesta halten, und alte Leute, die in lauen Sommernächten im Bademantel und Pantoffeln vor der Haustür sitzen und plaudern.

Und auf welchen Plätzen wandelt das geistliche Rom? Gleich hinter dem Pantheon, zwischen der efeuumrankten Piazza dei Caprettari und der Piazza di Minerva, wo der kleine Elefant von Bernini einen viel zu großen Obelisken trägt. Hier liegt der Showroom der geistlichen Mode. In den gediegenen Geschäften gibt es einfach alles, was das fromme Herz begehrt: von lilafarbene Bischofsroben über graue und dunkelblaue Dessous für Schwestern bis zu formschönen Kutten und goldenen Kruzifixen.

Die Touristen werden eher wie magisch vom Modeviertel zwischen der Via del Corso, der Spanischen Treppe und der Via Tritone angezogen, eine Art Bermuda-Dreieck, wo Sie beim stilvollen Kaufrausch in den Boutiquen von Armani bis Zegna flugs Ihr Geld verlieren. Für die jugendlichen und nicht so finanzstarken *ragazzi* hat sich auf der Via del Corso ein eigenes Klamottenparadies mit Discount und Diskosound etabliert, wo man von der feschen Lederjacke über Jeans und Skates bis zur Federboa alles kriegt.

Sein Geld kann man in Rom manchmal auch anders loswerden – durch Langfinger. Also halten Sie die Handtasche fest und das Portemonnaie tief in der Hose versenkt, wenn Sie mit dem Bus 64 – Lieblingslinie für Taschendiebe – zum Vatikan fahren.

»*Rom bietet dreitausend Jahre Geschichte*«

Rom biete dreitausend Jahre Geschichte, darunter die 77. kapitolinische Kaiserbüste, das Kolosseum, Michelangelos Moses oder Berninis Tritonenbrunnen. Tränen werden Ihnen – vor Erschöpfung – fließen beim Anblick der verschlungenen Laokoon-Gruppe bei Kilometer 5,5 in den Vatikanischen, den größten Museen der Welt. Der Atem wird Ihnen stocken vor Schönheit, Gedränge und Geschubse in den Stanzen von Raffael. Die Massen haben ein Recht auf die Sixtinische Kapelle, schrieb Ingeborg Bachmann, zumal jetzt, wo Michelangelos Schöpfungsgeschichte und das »Jüngste Gericht« bildschön restauriert worden sind.

Aber in Rom drängeln sich nicht nur die Touristen. Die Einwohner-

Überragende Architektur: die Kuppel von San Pietro

Die italienische Reise ...

Nicht nur Goethe hat Rom in der Literatur verewigt

Johann Wolfgang Goethe, Italienische Reise. Von der einjährigen Lust- und Bildungsreise, die den Geheimrat im Herbst 1786 inkognito nach Rom brachte, hatte sein Arbeitgeber, Herzog Carl August von Sachsen-Weimar keine Ahnung ...
Alberto Moravia, Römische Erzählungen. Der Dichter (1907-90), der mit der Schriftstellerin Elas Morante verheiratet und später mit der Autorin Dacia Maraini liiert war, gilt als einer der Großen der römischen Literatur.
Franca Magnani, Eine italienische Familie. Mit ihrer lebhaften Familienchronik gibt die bekannte römische Fernsehjournalistin einen fabelhaften Einblick ins Nachkriegsitalien.

zahl Groß-Roms hat sich seit 1870 von 250 000 auf fast 3 Millionen mehr als verzehnfacht. Allein nach dem Zweiten Weltkrieg kamen weit über eine Million Zuwanderer aus dem Süden, um als Parkwächter, Putzmann oder Kellner Geld zu verdienen. »Ein Heer harrt im Lager, um christlich zu werden in der Christenheit Stadt«, schrieb Pier Paolo Pasolini über die *borghetti* in der *campagna,* die mit ihren Wellblechhütten und Holzbuden südamerikanischen Favelas einst ähnlich sahen.

In den 1970-er Jahren pflasterten Bauhaie die römische Peripherie mit Sozialbauten zu. Die Wellblechhütten verschwanden. Man taufte die *borghetti* um in *borgate.* Die Bauindustrie boomte. Neuerdings werden auch hier Plätze begrünt und Bürgersteige gebaut, denn ohne chirurgische Eingriffe an der Peripherie bleibt das Facelifting im Zentrum reine Kosmetik.

»Dolce Vita« an der Fontana di Trevi

Auch wenn in den letzten Jahren viel für Rom getan wurde, jeder echte »Romano Romano«, also kein Eingewanderter, sondern ein »Römer aus Rom«, wird Ihnen vorschwärmen, wie herrlich das Leben in der Hauptstadt noch vor dreißig Jahren war, so farbig und romantisch wie in den Filmen von Fellini, Pasolini oder den Erzählungen von Alberto Moravia.

So ist zu verstehen, dass am Tag, als Marcello Mastroianni starb, sogar die brausenden Gewässer der Fontana di Trevi verstummten und vom Dach des angrenzenden Palazzo Poli sich ein langer Trauerflor über den Brunnen des »Dolce Vita« senkte, wo der beliebte Schauspieler 1962 in einer unsterblichen Filmszene Meister Fellinis mit der vollbusigen Anita Ekberg baden gegangen war.

Ein Strauß weißer Rosen dümpelte im Wasser, und hin und wieder war ein Schluchzen zu hören.

Typisch römisch

Wissenswertes über Leidenschaften und Besonderheiten der Stadt und ihrer Bewohner

Bambini

»Römer, seid fruchtbar und mehret euch, Römer, macht mehr Kinder!« flehte Camillo Ruini, Kardinal von Rom. Ein grüner Politiker warf dem Gottesmann vor, wie ein Blinder von der Farbe zu reden. Doch der kürzlich verstorbene Don Camillo hatte schließlich Augen im Kopf, um zu sehen, dass es in den Hinterhöfen seiner Diözese zwar viele Katzen, aber kaum noch Kindergeschrei gab, keine Windeln mehr über die Gasse hingen und die älteren Signoras statt der Enkel ihren Pelz spazieren führten. Unglaublich, Italien gilt als das kinderfreundlichste Land der Welt, hat aber eine der niedrigsten Geburtenraten. Die geringe Gebärfreudigkeit hat einen banalen Grund: ein krasser Mangel an Infrastruktur. Von Kindergeld, Familiendarlehen und Steuerabzügen kann man hier nur träumen. Von Spiel- und Sportplätzen, Krippen und guten Kindergärten häufig auch. Mit der *lista dei bambini* hat der frühere grüne Bürgermeister Francesco Rutelli versucht, wenigstens ein bisschen familienfreundliche Strukturen in die öden Vorstädte zu bringen. Bisher noch keine Erfolgsmeldung aus römischen Entbindungssälen.

Rom: kinderfreundlich, aber zunehmend kinderarm

Calcio Romano

Ob Prälat, Prolet oder Professor, es gibt in Italien nur eine richtige Männerleidenschaft, und die heißt: Fußball, Fußball und noch mal Fußball. Wenn ein Mann sich als *Romanista* outet, dann hat er nicht etwa romanische Sprachen studiert, sondern er ist ein *tifoso*, ein glühender Anhänger der *AS Roma*, für die schon Bundestrainer Rudi Völler in den 1980-er Jahren Tore schoss. Dies schließt kategorisch aus, dass er auch nur einen Hauch von Sympathie für *Lazio Rom*, dem anderen großen Fußballclub der Hauptstadt, verspürt. *Romanista* oder *Laziale* wird man nicht, man ist es von Geburt an, weil schon der Vater oder Großvater sich dazu bekannten. Wer die Seiten wechselt, muss mit Enterbung rechnen! Für Giorgio, Chefarzt seines Zeichens, ist es völlig selbstverständlich, mit himmelblau-weißem *Laziali*-Schal zur sonntäglichen *partita* ins Stadion zu eilen. Leider traf er letzte Saison auf eine grölende Gruppe von Gelb-Roten, also *Roma*-Fans, die ihm ein himmelblau-weißes Auge schlugen. In *Lazio*-Farben. Doch seine Patienten haben Professore Giorgio am Montag als Helden gefeiert. (Kartenvorverkauf über das *DER, Deutsches Reisebüro, Piazza Esquilino, Tel. 064 81 80 69, Fax 064 81 80 69*)

Getto

Getto oder *villagio degli ebrei* nennt man das schöne Judenviertel zwischen der Piazza Venezia, Kapitol, Tiber und über die Via Arenula ein Stück hinaus. Heute leben noch etwa 500 jüdische Familien hier oder betreiben ihre Geschäfte: Kurzwaren, Haushalts- und Trödelläden, koschere Schlachter. Auf den Klingelschildern der mehrstöckigen *palazzi* (*palazzo* heißt eigentlich Mietshaus, nicht unbedingt Palast) stehen allerdings mehr ausländische als italienische Namen: das Getto – ein neues Lieblingsviertel, seit Trastevere unbezahlbar wurde.

Doch das Getto hat eine traurige Geschichte. Im Römischen Reich genossen die Juden noch religiöse Freiheit, aber im Mittelalter wurden sie, wie anderswo in Europa, verfolgt und diskriminiert. Im 15. Jh. zwang sie ein besonders engstirniger Papst, Paul II., auf dem Corso mit Pferden um die Wette zu laufen – Karnevalsbelustigung fürs Volk. Erst 1870, nach Beendigung des Kirchenstaates, wurde die Mauer um das Getto eingerissen. Die Pogrome der Nazizeit sind bekannt: Viele römische Juden denken noch heute an den schrecklichen Oktober 1943, als die Nazis am Portico d'Ottavia über 2000 Juden zusammentrieben und deportierten. Was dann kam, hat Filmregisseur Roberto Benigni in »La Vita è bella« (»Das Leben ist schön«) traurigschön verewigt.

La macchina

Rau, aber herzlich gehen die Römer mit ihrem Lieblingskind, dem Auto, um. Ein paar Püffe und Beulen muss es im Alltag schon ertragen. Es wird wenig gepflegt und nie gebadet: Man sieht es an der Staubschicht, an den Beulen und löchrigen Auspuffrohren. »Das Kleine« (Fiat Pandas oder Smarts, sogar der uralte Winzling *Topolino*, der Fiat 500, sind bei Arm und Reich beliebt) muss eben viel schlucken. Dafür nimmt sein Besitzer es überall mit hin, in die gesperrte Innenstadt, vor die Haustür der Schneiderin, am liebsten bis ans Kirchenportal. Wenn ihm jemand Böses will oder nur die Haube antippt, macht sich das Kleine durch gellende Schreie (Alarmanlage) bemerkbar. Sonntags, wenn der Papà in Ruhe das Fußballspiel verfolgen will, die Signora aber die Schwiegermutter eingeladen hat, was macht er? Er setzt sich mit seinem tragbaren Radio – von dem sich nie ein Italiener während einer laufenden Fußballsendung trennen kann – in *la macchina*, sein liebstes Kind.

La Mamma

Hinter jedem *commissario*, Politiker, Richter, Taxifahrer oder Mafioso steht eine *Mamma*, die ihn lebenslänglich betreut: »Wir Italiener sind alle *mammoni*, Muttersöhnchen«, sagt Romano, Oberst im italienischen Heer, sportlich, grau meliert und in Zivil ein guter Tennisspieler, »wenn ich mal Ärger habe oder mir das Essen bei meiner Frau nicht schmeckt, gehe ich sofort zu meiner *Mamma*, die versteht mich! Immer!« Natürlich ist jene Gattung der kinderreichen, traditionellen Mutterglucken auch in Rom selten geworden, doch der Mammakult ist stärker denn je. Besteht er doch nicht wie in Deutschland aus einmal im Jahr Mon Cheri und Muttertagsherzen, sondern betrachtet *La Mamma* als täglichen Fixpunkt.

Trotz Beulen und Altersschwäche heiß geliebt: la macchina

»Die Bindung zwischen Mutter und Sohn ist eine lebenslange Liebesbeziehung, wo die Schwiegertochter mit ihren Besitzansprüchen nur stört«, behauptet eine römische Familientherapeutin. Sie muss es ja wissen – aufgrund ihres Berufs und ihrer Erfahrung als Ehefrau: Ihr Mann Cesare ist natürlich auch ein echter *mammone*.

Papagalli und Paparazzi

Laut Lexikon hat *papagallo* drei verschiedene Bedeutungen: a) Papagei b) Uriniergefäß c) aufdringlicher Verehrer. Letztere erlangten in den 1960-er Jahren in Rom VIP-Status, denn jedes hübsche blauäugige Nordlicht wollte es damals in der Praxis wissen, was die Illustrierten genüsslich verbreiteten: dass leidenschaftliche *Latin lover* an der Spanische Treppe lauerten, unnachahmlich »Ciao bella« und »ti amo« hauchten und sich als Stadt(ver)führer anböten. Man sollte die Verdienste der *papagalli* um die europäische Vereinigung nicht zu gering einschätzen – den wirtschaftlichen Nutzen auch nicht: Manch ein blendend aussehender *ragazzo* hat sich mit einer blonden *amore* sein Studium finanziert.

Papagalli und *paparazzi*, also Frauen- und Promijäger, haben eigentlich wenig gemeinsam, außer dass sie beide der Fantasie des genialen Federico Fellini entsprungen sind. In »Dolce Vita« (1960) erleben der Journalist Marcello (Mastroianni at his best) und sein Fotograf namens Paparazzo auf der Via Veneto ihr blaues Wunder, meistens in Form von Prügeln eines Lex Barker. Mastroianni ging bekanntlich baden, und das Schimpfwort »Paparazzo« für Schmeißfliegen-Fotografen war geboren. *Paparazzi* und *papagalli* aber jagen noch heute scharfen Bildern und ansehnlichen Touristinnen nach, denn »ohne die Liebe wäre die Welt nicht die Welt, wäre denn Rom auch nicht Rom«. (Goethe)

Feste, Events und mehr

Die meisten römischen Feste und Feiern sind religiösen Ursprungs

Früher fuhren alle Römer im Sommer ans Meer, heute ist die Stadt durch die *Estate Romana*, das römische Sommerfestival, besonders

Farbenfroher Kopfschmuck: das Orchester der Carabinieri

nach Sonnenuntergang attraktiv geworden.
Aktuelle Programme erhalten Sie in den städtischen Infopavillons, in den Tageszeitungen (am übersichtlichsten in der Donnerstagsbeilage von *»La Repubblica«*), oder im Wochenheft *»Roma c'è«*. Infos im Internet: *www.romaturismo.com/webcomune* (auf Deutsch), Website des Kultusministeriums: *www.beniculturali.it* (nur auf Italienisch)

Feiertage

1. Jan. Neujahr, 6. Jan. Dreikönigsfest, Ostersonntag und -montag, 25. April (Befreiung vom Faschismus), 1. Mai Tag der Arbeit, 29. Juni Peter und Paul, Stadtpatrone von Rom, 15. Aug. *Ferragosto,* Mariä Himmelfahrt, 1. Nov. Allerheiligen, 8. Dez. Fest der Unbefleckten Empfängnis, 25. und 26. Dez. Weihnachten

Feste und Veranstaltungen

Januar

In Italien kommt statt dem Nikolaus erst am 6. Januar die gute Hexe *Befana* zum Beschenken. Das Fest der Kinder wird zwischen vielen kleinen Spielbuden auf der Piazza Navona **[116 D2–3]** gefeiert.

Februar

Der römische *carnevale*, einst so farbig und ausschweifend wie in Venedig wurde wieder belebt.

März/April

Urbi et Orbi. Hunderttausende von Pilgern strömen am Ostersonntag auf den Petersplatz **[118 B–C5]**; Ostermontag ist *Pasquetta*, da fahren alle Römer ins Grüne.

April

Kunst und Kitsch auf der *Festa dell'-Arte* in der Via Margutta **[120 A3]**.
21. April: *Natale di Roma*. Zu Roms Geburtstag Konzerte, Partys und Feuerwerke.

Mai

Antiquitätenmesse in der Via dei Coronari (auch Sept.) **[116 C2]**.
Romarathona über die klassischen 42,195 km und *Concorso Ippico Internazionale*, Springderby auf der Piazza di Siena **[120 C2]**.

Juni

2. Juni: *Festa della Repubblica* mit Militärparade zwischen dem Kolosseum und Piazza Venezia.
13. Juni: *Fest des heiligen Antonius von Padua* mit feierlicher Messe zu Ehren des Heiligen in der Via Merulana **[125 D1–2]**.
14. Juni: *Fronleichnamsprozession* von der Lateransbasilika bis zu S. Maria Maggiore **[121 D6]**, wo der Papst die Messe liest.
24. Juni: Johannistag: *Volksfest von S. Giovanni* beim Lateran **[125 D5]**.
29. Juni: *Fest der Stadtpatrone Petrus und Paulus*, vormittags Papstmesse in S. Peter **[118 B5]** mit Fußkuss der bronzenen Petrus-Statue.

Juli

Insider Tipp 15. Juli: *Festa de Noiantri*, eine Woche lang Volksfest in Trastevere mit *porchetta* (Spanferkel) und Wein.

Juni, Juli und Anfang August

Estate Romana, Römischer Sommer mit Jazz, Oper im Freien, Konzerten im Forum, Freilichtkino und *alta moda*, Modenschauen.

Carnevale – nicht nur für Kinder

Juli/Anfang August

Tevere Expo, Messe der italienischen Regionen am Tiberufer. Zwischen der Engelsbrücke und dem Ponte Umberto gibt es Musik, Ballett, Folklore. *Cine Porto*, Filmvorführungen im Park des Außenministeriums.

August

Am 15. Aug., *Ferragosto*, gehört Rom Ihnen und den wilden Katzen, denn fast alle Römer sind verreist.

Dezember

8. Dez.: *Fest der Unbefleckten Empfängnis;* Feuerwehrleute bekränzen die Mariensäule auf der Piazza di Spagna **[120 B4]**, wo der Papst anschließend eine Messe hält. In den Kirchen, auf dem Petersplatz und in der Stazione Termini stehen Weihnachten kunstvolle Krippen. Auf der Piazza Venezia **[117 F3–4]** blinkt ein riesiger Weihnachtsbaum.

Von der Antike bis zum »Sprechenden Affen«

Die Königinmutter unter den Weltstädten besitzt unzählige Kunstschätze

Auch ein Genie wie Goethe war so von »Kirch und Palast, Ruinen und Säulen« überwältigt, dass es dem Dichter in Rom für kurze Zeit die Sprache verschlug. Kein Wunder! Denn die Schönheiten und Sehenswürdigkeiten Roms sind so unübersehbar wie unüberschaubar. Schließlich hat die Königinmutter unter den Weltstädten in den gut 2750 Jahren ihres Bestehens so viele Kunstschätze angehäuft, dass bis heute kein Computerhirn die Köpfe, Kapitelle und Scherben katalogisiert hat.

Dabei haben Klassiker wie Goethe oder Jean Paul das Rom der Barockpäpste, der Paläste und Kirchen einfach links liegen gelassen und nur der Antike nachgespürt. Im Übrigen gibt es in Rom mehr Kirchen, als das Jahr Tage hat, eine prächtiger und kunstvoller als die andere. Der Papst ist Titular der vier Patriarchalsbasiliken: *S. Giovanni in Laterano*, der Mutterkirche der Katholiken, *S. Pietro in Vaticano*, also St. Peter, *S. Maria Maggiore* und *S. Paolo fuori le Mura*. Die meisten Pilger hängen noch den Besuch von *S. Lorenzo, S. Croce in Gerusalemme* und *S. Sebastiano* an, und damit ist die Runde der sieben Wallfahrtskirchen komplett. Auch wenn Sie weder katholisch noch fromm sind, sollten Sie die eine oder andere Kirche besuchen. Drinnen ist es still, feierlich und vor allem im Sommer herrlich kühl.

Anziehungspunkt heute wie vor 2000 Jahren: Colosseo

Tiberinsel

Über das himmlische sollten Sie auch das irdische und vor allem das unterirdische Rom nicht vergessen! Ständig finden die Archäologen neue Schätze wie die römische Villa unter der Pilgergarage des Vatikans. Aber gleichzeitig verliert Rom unzählige Kunstwerke durch den Smog, der vieles zerfraß, was zwei-

Zumindest als Kopie glänzt Marc Aurel wieder auf dem Kapitolsplatz

tausend Jahre überdauert hatte. Deshalb sind viele Triumphbögen, Fassaden und Brunnen immer wieder eingerüstet. Es liegt nicht an den Restauratoren, dass die Kunst schlecht verarztet wurde, sondern an der geschlamperten Politik. Der italienische Staat gibt nur lächerliche 0,24 Prozent seines Budgets für die Erhaltung seiner Kulturschätze aus. Auch Kaiser Mark Aurel, die edle Bronze, wäre nie mehr aufs Kapitol zurückgekehrt, hätte ihm nicht ein Mäzen mit einer Millionenspende in den Sattel zurückgeholfen. Nach der Restaurierung kam er allerdings nicht auf den Kapitolsplatz, sondern hinter Glas in eine Nische des Kapitolinischen Museums. Denn der Kaiser vertrug die schwefelsaure Luft nicht mehr.

Insider Tipp

Das Heilige Jahr 2000 hat Wunder bewirkt: In einer konzertierten schwarz-rot-grünen Aktion wurde dem maroden Denkmalschutz oberste Priorität eingeräumt und die nötigen finanziellen Mittel herbeigeholt. Die Ewige Stadt erstrahlt nun in renoviertem Glanz.

Aber lassen Sie sich nicht nur von den Sternchen-Sehenswürdigkeiten becircen. Bummeln Sie auch durch die hintersten Winkel der Altstadt, schauen Sie in hübsche Innenhöfe, entdecken Sie hier ein Marienbild, da ein marmornes Straßenschild, eine efeuumrankte Säule oder auch nur einen Kanaldeckel mit dem berühmten SPQR (*Senatus Populus Que Romanus*), was so viel heißt wie »Dem Senat und dem Volk Roms« zu Ihren Füßen. Selbst das Banale ist in Rom erhaben.

ANTIKE BAUTEN & DENKMÄLER

Ara Pacis Augustae **[119 E–F4]**
Nach der Eroberung Galliens und der Iberischen Halbinsel baute der Senat dem Sieger, Kaiser Augustus, einen Friedensaltar, den die Vesta-

linnen 9 n. Chr. mit großem Pomp einweihten. Erst 1568 wurden die Marmorblöcke wieder aufgefunden und 1937 in ihren Segmenten zusammengesetzt – eine archäologische Meisterleistung. *Zzt. wegen Restaurierung geschl., Via di Ripetta.*

Arco di Canstantino (Konstantinsbogen) **[124 B2]**

Nach Kaiser Konstantins Sieg an der Milvischen Brücke (312 n. Chr.) widmete der Senat ihm den reliefgeschmückten Triumphbogen neben dem Kolosseum. Etwas übertrieben, wenn man bedenkt, dass Konstantin kein Land erobert, keinen Krieg gewonnen, sondern nur seinen Gegner Maxentius besiegt hat. *Piazza del Colosseo, Metro B: Colosseo*

Bocca della Verità **[123 F2]**

Der »Mund der Wahrheit« ist eine mannshohe, skurrile Marmorfratze. Das linke Auge hängt Tränen triefend herunter, nur der Mund ist sauber geschabt, weil alle Besucher ihre Hand in das Maul des Ungeheuers legen. Besonders eifersüchtige Ehegatten pflegen ihre bessere Hälfte hierher zu schicken. Sagt er/sie nicht die Wahrheit, schnappt das Maul des antiken Lügendetektors angeblich zu. Der Mund der Wahrheit, den auch Sie erproben können, befindet sich links im Atrium der byzantinischen Kirche S. Maria in Cosmedin, deren siebenstöckiger Glockenturm schon von weitem erkennenbar ist. *Piazza Bocca della Verità, Bus 60, 95, 160*

MARCO POLO Highlights »Sehenswertes«

★ **Campidoglio (Kapitol)**
Kaiser Mark-Aurel reitet nun als Kopie auf Michelangelos Kapitolsplatz (Seite 22)

★ **Colosseo (Kolosseum)**
Panem et circenses – Brot und blutige Spiele (Seite 22)

★ **Foro Romano**
Hier wandelten Cäsar und Cicero – das Machtzentrum der Antike (Seite 23)

★ **Fontana di Trevi**
Roms beliebteste Wasserorgel (Seite 28)

★ **Katakomben**
Unterirdische Grabmale vornehmer Römer (Seite 29)

★ **Piazza Navona**
Schönste Bühne des Barock zum Sehen und Gesehenwerden (Seite 36)

★ **Scalinata Trinità dei Monti (Spanische Treppe)**
Roms beliebter Treffpunkt ist reich an Stufen (Seite 37)

★ **Trastevere**
Auf Fellinis Spuren in Roms größtem Dorf (Seite 38)

★ **Via Appia Antica**
Roms antike »Königin der Straßen« (Seite 38)

★ **Piazza S. Pietro (Petersplatz)**
Der Nabel der katholischen Welt (Seite 41)

Campidoglio (Kapitol) **[117 F5]**
★ Wo einst die Tempel Jupiters und Junos standen, gestaltete Michelangelo im Jahr 1536 den trapezförmigen Platz, der vom Senatorenpalast, dem Konservatorenpalast und dem Palazzo Nuovo gerahmt wird. Den Piedestal, wo Kaiser Mark Aurel seit 1538 mit erhobener Hand grüßte, schmückt seit April 1997 eine Kopie, das Original steht, vor Umweltschäden beschützt, in einer verglasten Nische des Kapitolinischen Museums. *Piazza del Campidoglio, Bus 60, 95, 160*

Castel S. Angelo (Engelsburg) **[116 A–B1]**
Die Fluchtburg der Päpste wurde auf dem zylinderförmigen Mausoleum Kaiser Hadrians (117 bis 138 n. Chr.) gebaut. Ihren Namen verdankt die Engelsburg einer Legende: Weihnachten 590, auf dem Höhepunkt einer Pestwelle, erschien Papst Gregor I. der Erzengel Michael, der sein Schwert in die Scheide steckte. Damit, o Wunder, war die Pest gebannt.

Seit 1281 ist die Burg durch einen überdachten Gang mit dem Vatikan verbunden. Hinter den kolossalen Mauern am Tiberufer verbergen sich die Prunkräume der Päpste, Magazine und wenig engelhafte Folterkeller für die Ketzer. Von der Zinne, wo sich die »Tosca« in Puccinis Oper zu Tode stürzte, haben Sie einen herrlichen Blick. *Mo–Sa 9–19, So 9–13 Uhr, 2. und 4. Di des Monats geschl., Eintritt 5,20 Euro, Bus 64, 492*

Colosseo (Kolosseum) **[124 B2]**
★ Gerne hätten die Italiener die schönste klassische Arena 1990 der Fußball-Weltmeisterschaft geweiht, aber auch das massivste Symbol für die Ewigkeit verträgt nach 2000 Jahren keine Kicker und Hooligans mehr. Nur die zarten Ballerinen des Bolschoi-Theaters durften hier ihre »Heldenspiele« tanzen. Kaiser Vespasian begann mit dem Bau 72 n. Chr., sein Sohn Titus weihte das Gebäude nach nur achtjähriger Bauzeit mit hunderttägigen Festspielen ein. Unzählige Tiere und Gladiatoren wurden geopfert. Sehr lebendig sind allerdings noch die Legionäre, mit denen Sie hier für ein Foto posieren können. Insider Tipp *Di–Sa von 9 Uhr bis eine Stunde vor Sonnenuntergang, Mo und So 9–14 Uhr, Eintritt 5,20 Euro, Piazza del Colosseo, Metro B: Colosseo*

Domus Aurea (Goldenes Haus) **[124 C2]**
Kaiser Nero (54–68 n. Chr.), der gerne mit Feuer zündelte und Christen kreuzigen ließ, baute sich den teuersten und größten Palast der antiken Welt. »Das Vestibül war so groß, dass darin eine Kolossalstatue Neros von 35,5 m Höhe Platz hatte«, so der Schriftsteller Sueton. 45 unterirdische Säle können Sie besichtigen (Pullover nicht vergessen!). *Tgl. 9–20 Uhr, obligatorische Vorbestellung: Tel. 06 39 74 99 07, 06 39 96 77 00, Eintritt 6 Euro, Viale Domus Aurea, Metro B: Coloseo*

Foro di Augusto (Augustusforum) **[124 A1]**
Es wird vom Tempel des rächenden römischen Kriegsgottes Mars beherrscht und soll an die Schlacht von Philippi (42 v. Chr.) erinnern, wo Antonius und Octavian (der spätere Kaiser Augustus) die Mörder Cäsars endgültig vernichteten.

Fori Imperiali

Der Nabel der antiken Welt

Von den Kaiserforen wurde nicht nur Rom, sondern das ganze Römische Reich regiert. Hier lag für fast 1000 Jahre das Zentrum der Antike. Der Etruskerkönig Tarquinius Priscus hatte im 6. Jh. v. Chr. den Sumpf zwischen Kapitol, Palatin und Esquilin entwässert und als Cloaca Maxima, die erste große Kläranlage der Antike, dem Tiber zugeführt. Das Forum Romanum, ursprünglich als Vesta-Heiligtum gedacht, entwickelte sich vom Viehmarkt zur politischen Arena, zur Bank-, Geldwechsler- und Handelsmetropole, zum Bürgerforum und zur Straße der Triumphzüge und nicht zuletzt zum Geburtsort des römischen Rechts. Hier plädierten die Gracchen für ihre Reformen, sprach Cicero seine Brandreden gegen Catilina und der alte Cato sein »ceterum censeo«: »Karthago muss vernichtet werden«.

Friedenskaiser Augustus (27 v. Chr. bis 14 n. Chr.) ließ über 80 Tempel bauen oder verschönern. Er habe ein Rom aus Ziegelsteinen vorgefunden und eins aus Marmor hinterlassen, schrieb Sueton über Augustus. Guter Blick von der Via dei Fori Imperiali. Besichtigungen sonst nur mit Genehmigung der *Sovrintendenza Comunale di Musei, Monumenti ed Antichità, Tel. 06 69 94 10 20, Piazzetta del Grillo, Bus 85, 87, 175*

Foro di Cesare (Cäsarsforum) **[124 A1]**
Der Diktator auf Lebenszeit ließ das *Forum Julium*, wie es eigentlich heißt, auf eigene Kosten bauen. Man erkennt noch die Ladenzeilen, die Reste der Basilica Argentaria, wo sich Bank und Börse befanden, und die drei verbliebenen Säulen des Venus-Tempels. Eines Tages, so erzählt Sueton, empfing der Konsul den Senat sitzend auf dem Podest des Venus-Tempels. Mit dieser Anmaßung – nur Götter durften sitzen – hatte Cäsar sich Jupiter gleich machen wollen. Das war kurz vor seiner Ermordung 44 v. Chr. *Zzt. wegen Ausgrabungen geschl., Via dei Fori Imperiali, Bus 85, 87, 175*

Foro Romano **[124 A–B 1–2]**
★ Im Mondschein elegisch über das göttliche Forum Romanum zu lustwandeln war für Klassiker wie Goethe oder Jean Paul ein Muss. Heute dürfen auch gewöhnliche Sterbliche in lauen Sommernächten zwischen Triumphbögen und Säulen promenieren: »Roma sotto le stelle«, Rom unter den Sternen, heißen die nächtlichen Führungen *(auf Italienisch und Englisch, von Juni bis Mitte Sept., Infopavillons oder Tageszeitungen wie »La Repubblica« konsultieren).* Insider Tipp

Einige Höhepunkte: Eingang von der Via dei Fori Imperiali, vorbei an der Basilika Aemilia, dem Tempel der Faustina, am Cäsarstempel und Augustusbogen über die Via Sacra zur Rostra, der Rednertribüne; rechts davon der Lapis Niger, der Schwarze Stein über dem Grab von Romulus, die Kurie des Senats, der Septimius-Severus-Bogen; linker Hand der Saturntempel und die Basilica Julia, die Gerichtshalle, von Cäsar kurz vor seiner Ermordung gebaut; rechteckiger Kastor-und-Pollux-Tempel und der kreisrunde Vesta-Tempel, wo die Vestalinnen, Jungfrauen aus den vornehmsten Familien, das Heilige Feuer hüteten; die Via Sacra entlang, vorbei am Haus der Vestalinnen und dem Romulus-Tempel, den Maxentius für seinen früh verstorbenen Sohn baute, und die Maxentius-Basilika, die Konstantin noch einmal umgestaltete.

Beim Titusbogen führt der Weg hoch auf den Palatin, wo viele reiche Römer und auch Cicero und Catull ihre Villen besaßen. Kaiser Augustus ließ hier das Haus seiner Eltern ausbauen. Durch die lauschigen Farnesischen Gärten, die Kardinal Farnese im 16. Jh. anlegen ließ, können Sie wieder zum Forum herabsteigen. *Di–Sa von 9 Uhr bis eine Stunde vor Sonnenuntergang, Mo und So 9–14 Uhr, Eintritt frei, Largo Romolo e Remo, Via dei Fori Imperiali, Palatin: Eintritt 6 Euro, Via di S. Gregorio 30, Piazza S. Maria Nova (Titusbogen), Bus 85, 87, 175*

Foro di Traiano/Mercati Traiani (Trajansforum/-märkte) **[124 A1]**
Zum Heiligen Jahr gab es fußballfeldgroße Neuausgrabungen. Die 38 m hohe Trajanssäule (113 n. Chr.), Schmuckstück des spätesten und prächtigsten Kaiserforums, erstrahlt nach fast zehnjähriger Restaurierung wieder perlweiß. Und Sie können den 200 m langen Bilderfries vom Kriege Kaiser Trajans

Das Foro Romano liegt weit unter dem heutigen Straßenniveau

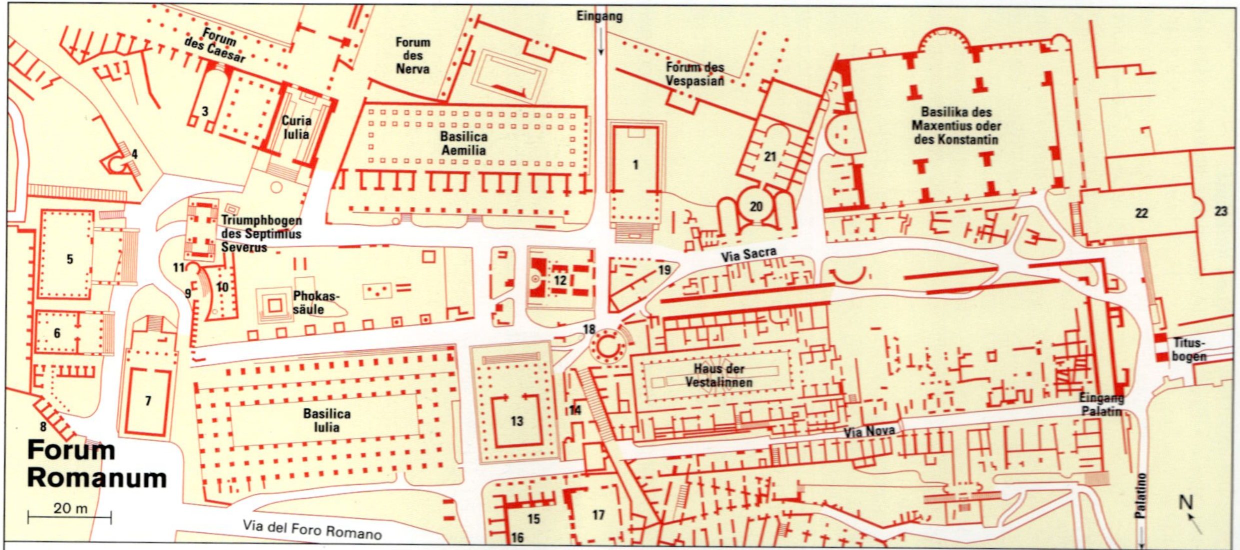

1 Tempel der Faustina und des Antonius Pius
2 Lapis Niger
3 Santi Luca e Martina
4 Marmertinischer Kerker
5 Tempel der Concordia
6 Tempel des Vespasian
7 Tempel des Saturn
8 Portikus der Divi consenti
9 Fünfsäulen-Monument Diokletians
10 Rostra
11 Umbilicus Urbis
12 Tempel des Caesar
13 Dioskurentempel des Kastor und Pollux
14 Quelle der Juturna
15 Tempel des Augustus
16 Horrea Agrippiana
17 Santa Maria Antiqua
18 Rundtempel der Vesta
19 Regia
20 Tempel des Romulus
21 Santi Cosma e Damiano
22 Santa Francesca Romana
23 Tempel der Venus und der Roma

gegen die Daker von unten bewundern. Vor der Säule die Reste der Basilica Ulpia, die Nischen der Bibliothek und die Trajanischen Marktstraßen. *Di–So 9–18, im Winter bis 16.30 Uhr, Eintritt 6,20 Euro gilt gleichzeitig für Augustusforum, guter Blick auch von außen möglich, Via 4 di Novembre/Via dei Fori Imperiali, Bus 64, 70, 170*

Mausoleo di Augusto (Augustus-Mausoleum) **[119 F4]**
Das runde Grabmal, 27 n. Chr. gebaut, war nicht nur für Augustus, sondern für die ganze Familie Giulio-Claudia, der auch Cäsar angehörte, bestimmt. Die *res gestae*, der Rechenschaftsbericht des Friedenskaisers Augustus am Eingang, ging verloren, aber eine Abschrift hat sich erhalten. *Besichtigung nur von außen, Piazza Augusto Imperatore, Bus 70, 81, 116, 628*

Gewaltig: die Kuppel des Pantheons

Mura Aureliane (Aurelianische Mauer) **[125 D6]**
Noch heute ist der 19 km lange antike Mauerring um Rom fast vollständig erhalten. Kaiser Aurelian ließ ihn 271 n. Chr. aus Angst vor einem Überfall der Goten in großer Eile bauen: 8 m hoch, 18 Haupttore, 381 Wachtürme und 116 Bedürfnisanstalten. Die Mauer hielt bis 1870, als die italienischen Einheitstruppen eine Bresche bei der Porta Pia schlugen und den Papst aus der letzten Bastion des Kirchenstaates vertrieben. *Museo delle Mura, Di–So 9–19 Uhr, Eintritt 2,60 Euro, Via Porta S. Sebastiano 18, Bus 218, Archeobus von Piazza Venezia*

Pantheon **[117 E2–3]**
Ein Zylinder mit einer Kuppel drauf – so einfach-genial ist die Konstruktion des Pantheons, das Markus Agrippa, Schwiegersohn von Augustus, 27 v. Chr. den Göttern bauen ließ. Wieso liegt der antike Tempel, umgebaut von Kaiser Hadrian, verschandelt im Barock und als Grabmal für das italienische Königshaus entfremdet, so klein und wohl proportioniert zu Füßen der Touristen, obwohl doch in klassischen Zeiten fünf Stufen hinaufführten? Rom hat im Laufe der Zeit 6 m Schutt aufgetürmt, unter dem die klassischen und frühchristlichen Bauten versanken. *Mo–Sa 9 bis 18.30, So 9–13 Uhr, Eintritt frei, Piazza della Rotonda, E-Bus 116*

Piramide di Cestio (Cestius-Pyramide) **[123 F5]**
In der Antike war Ägypten so groß in Mode wie Italien heute. Und so ließ sich der Prätor und Volkstribun Caius Cestius 11 v. Chr. wie ein

kleiner Pharao in einem spitzkegeligen Luxusgrab bestatten. *Piazza Ostiense, Tram 3 (früher 30/), Metro B: Piramide*

Terme di Caracalla (Caracalla-Thermen) **[124 B4–5]**
Die Goten zerstörten 537 n. Chr. das luxuriöse Riesenhallenbad, das 300 Jahre zuvor Kaiser Caracalla erbaut hatte und in dem 1500 Badende gleichzeitig planschen konnten. Hier gab es Kalt- und Warmbäder, Gymnastik- und Massageräume, Vortragssäle und Bibliotheken. *Di–So von 9 Uhr bis eine Stunde vor Sonnenuntergang, Mo 9 bis 14 Uhr, Eintritt 4,20 Euro, Via delle Terme di Caracalla, Bus 160, 714, Metro B: Circo Massimo*

AUSSICHTSPUNKTE

Gianicolo **[122 B–C 1–2]**
Kein Hochhaus und kein Fernsehturm verstellen Ihnen den schönen Blick vom Gianicolo – der dem doppelgesichtigen Gott Janus geweiht ist – auf die Kuppeln, Kirchen und Paläste. Hier steht auch der italienische Freiheitsheld Giuseppe Garibaldi, der 1849 auf dieser Anhöhe gegen die französischen Truppen, die mit dem Papst paktierten, kämpfte. *Bus 870*

Pincio **[120 A–B2]**
Es gibt wohl kein römisches Liebespaar und keinen Touristen, der nicht einmal den Sonnenuntergang vom Pincio genossen hat. Unter Ihnen liegt die Piazza del Popolo mit den Zwillingskirchen S. Maria dei Miracoli und S. Maria in Montesanto, die von oben interessanter als von innen aussehen; in der Ferne der grüne Streifen des Tiberufers und die Peterskuppel. *Metro A: Spagna oder Flaminio*

Testaccio **[123 E5]** Insider Tipp
Scherben bringen Glück! Der 39 m hohe Hügel Testaccio besteht tatsächlich ganz aus jahrtausendealten Scherben. Hier lagen nämlich die Großmarkthallen des alten Rom. Und da die Händler in Amphoren nicht in Plastiktüten verkauften, entstand diese Ökohalde der Geschichte. Eigentlich ist der Testaccio geschlossen, aber bei ein- bis zweiwöchiger Voranmeldung macht das Denkmalschutzamt eine kleine Führung. *Via Galvani/Via Zabaglia, Tel. (auf Italienisch oder Englisch) 06 67 10 20 75, Fax 066 89 21 15, Bus 95, 673, Metro B: Piramide*

BAHNHOF

Stazione Termini **[121 E5]**
Wenn Sie mit dem Zug ankommen, werfen Sie einmal einen Blick nach oben in eine der schönsten Bahnhofshallen Europas. Der lichtdurchflutete Vorbau, der wie eine Welle aus Glas und Marmor zur Piazza Cinquecento hinfließt, wurde 1950 nach Plänen von Luigi Nervi gebaut. *Metro A, B: Termini*

BRUNNEN

Fontana dell'Acqua Felice **[121 D4]**
Grimmig schaut der marmorne Moses aus dem Dreierbogen, aus dem die Quelle Acqua Felice sprudelt, besänftigend dagegen die vier schwarzen Löwen zu seinen Füßen. Besonders nachts wirkt der Brunnen von Domenico Fontana (1588) sehr dekorativ. *Piazza S. Bernardo alle Terme, Bus 60, 61*

Wasserkunst mit wilden Rössern: Fontana di Trevi

Fontana della Barcaccia [120 B4]
Pietro Bernini, Vater des berühmteren Gianlorenzo, ließ am Fuße der Spanischen Treppe 1629 den Brunnen in Form einer »Barkasse« bauen, die an einen hier gestrandeten Kahn erinnert. *Piazza di Spagna, Metro A: Spagna*

Fontana dei Quattro Fiumi (Vier-Ströme-Brunnen) [116 D2]
Er ist das Prunkstück der Piazza Navona – geschaffen von Gianlorenzo Bernini. Auf der Felsengrotte, die von einem Obelisken gekrönt wird, sitzen die vier Flussgötter Donau, Nil, Ganges und Río de la Plata. Letzterer nimmt eine so abwehrende Haltung ein, als befürchtete er den Einsturz der Kirche Sant'Agnese gegenüber, ein Werk von Berninis Konkurrenten Francesco Borromini. So sagen die Römer. Nur, die Kirche wurde erst zwei Jahre nach dem Brunnen, nämlich 1652, erbaut. *Piazza Navona, Bus 70, 81, 87*

Fontana delle Tartarughe (Schildkrötenbrunnen) [123 E1]
Er ist ein Schmuckstück, der Brunnen von Taddeo Landini aus der Spätrenaissance. Vier Epheben lehnen sich kokett an das Brunnenbecken in Form von vier Muscheln aus Marmor. Die bronzenen Schildkröten, die die Knaben zum Trinken an den oberen Beckenrand heben, soll Gianlorenzo Bernini bei der Restaurierung 1658 eingearbeitet haben. *Piazza Mattei (beim Largo Argentina), Bus 60*

Insider Tipp

Fontana di Trevi [117 G2]
★ Roms beliebteste Wasserorgel, steht auf einem kleinen Platz, umgeben von sechsstöckigen Palazzi. Mit dem Bau schufen sich die Barockpäpste 1750 ein letztes großes Denkmal, denn ihre Macht im Kirchenstaat schwand dahin. Meeresgott Ozeanus braust mit zwei Pferden durch einen Triumphbogen heran. Nicht nur Touristen werfen

eine Münze in das flache Becken – was eigentlich verboten ist –, um irgendwann nach Rom wiederzukehren. *Piazza di Trevi, Bus 116, 119, 492*

Insider Tipp **Fontana del Tritone (Tritonenbrunnen)** [120 C4]
Hoch oben auf der Muschelschale, gehalten von vier grazilen Delphinen, sitzt der Tritone und bläst eine Fontäne aus seinem Muschelhorn. Barockbaumeister Gianlorenzo Bernini schuf diesen wie auch den zweiten Brunnen dieser Piazza. An der Ecke Via Veneto/Via Basilio steht die Fontana delle Api, der Bienenbrunnen von 1644, wo das Wasser aus drei Bienen sprudelt, den Wappentieren der Barberini, einer Familie, aus der viele kunstsinnige Päpste stammen. *Piazza Barberini, Metro A: Barberini*

DENKMAL

Monumento Nazionale a Vittorio Emanuele II [117 F–G4]
An der Piazza Venezia fällt ein schneeweißer Klotz ins Auge. Die Römer nennen ihn despektierlich Schreibmaschine, Hochzeitstorte, Gebiss, Luxuspissoir oder »Altar des Vaterlandes«. Das Monument ist Viktor Emanuel II., dem ersten König Italiens, gewidmet. 1911 mit patriotischem Pomp eingeweiht, wurde es 1979 nach einem Attentat der Faschisten für Besucher gesperrt. *Piazza Venezia, Bus 85, 87, 119*

FRIEDHÖFE

Campo Verano [O]
Eine protzige Totenstadt mit vielen Marmorhäusern und Gipsengeln, die vor allem an Allerheiligen, wenn die Römer zu ihren seligen Angehörigen wandeln und ihnen Blumen und Wein kredenzen, höchst lebendig wirkt. Eine bizarre Mischung aus Pomp, Picknick und Totengedenken. *Tgl. 9–18 Uhr, Piazzale S. Lorenzo fuori le Mura, Tram 19, 3 (früher 30!)*

Cimitero Protestante [123 E5]
Der romantische Friedhof der Protestanten hinter der Cestius-Pyramide stand auch Anglikanern offen. Hier liegen John Keats und Percy Shelley, Goethes Sohn August, Antonio Gramsci und Henriette Hertz, Gründerin der kunstwissenschaftlichen Biblioteca Hertziana. *Mi ganz und tgl. 13–16 Uhr geschl., Via Caio Cestio, Metro B: Piramide, Tram 3 (früher 30!)*

KATAKOMBEN

★ Es war wie bei »Antigone«: Für die Menschen der Antike gab es nichts Schlimmeres, als unbeerdigt und ungeehrt zu bleiben. Die Christen nahmen den römischen Grabkult auf. Da nach dem Zwölf-Tafel-Gesetz die Toten nicht innerhalb der Stadtmauern bestattet werden durften, boten sich die Tuffsteinhügel entlang den Ausfallstraßen als Gräber an. Vor dem Grabmal der Caecilia Metella an der Via Appia Antica liegt ein Talkessel, »catacumba« (griechisch: bei der Senkung) genannt, wo der Friedhof des heiligen Sebastian liegt, aber der Name setzte sich für alle unterirdischen Totenstädte durch.

Domitilla [O]
Mi–Mo 8.30–12 und 14.30–17.30 Uhr, Eintritt 4 Euro, Via delle Sette Chiese 283/Via Ardeatina, Bus

218 von S. Giovanni in Laterano, Archeobus von der Piazza S. Marco (Piazza Venezia) 9–18 Uhr stündlich, Fahrpreis 7,50 Euro

Priscilla **[0]**
Di–So 8.30–12 und 14.30–17.30 Uhr, Eintritt 4 Euro, Via Salaria 430, Bus 63, 310

Sant'Agnese fuori le Mura **[0]**
Mo–Sa 9–12 und Di–So 14–18 Uhr, Eintritt 4 Euro, Via Nomentana 349, Bus 60, 317, 137

San Callisto **[0]**
Do–Di 8.30–12 und 14.30–17 Uhr, Eintritt 4 Euro, Via Appia Antica 110, Bus 218 von S. Giovanni in Laterano, Archeobus von Piazza S. Marco (Piazza Venezia) tgl. 9–18 Uhr stündlich, Fahrpreis 7,50 Euro

San Sebastiano **[0]**
Mo–Sa 8.30–12 und 14.30–17 Uhr, Eintritt 4 Euro, Via Appia Antica 136, Bus 218 von S. Giovanni in Laterano, Archeobus von Piazza S. Marco (Piazza Venezia) tgl. 9–18 Uhr stündlich, Fahrpreis 7,50 Euro

KIRCHEN

Sant'Agostino **[117 D2]**
Von außen wirkt die Augustinerkirche mit der ausgewogenen Renaissancefassade, 1479 bis 1483 aus Blöcken des Kolosseums gebaut, eher streng. Ergreifend innen aber ist die »Madonna del Parto« von Jacopo Sansovino. Und von der dritten Säule im Hauptschiff steigt der »Prophet Jesaias« von Raffael in bunten Tüchern zum Himmel hinauf. In der ersten Kapelle links hängt die »Madonna der Pilger« von Caravaggio (1605), die allein schon einen Besuch wert ist. *So 8–10 und 12–18.30 Uhr, Piazza S. Agostino, Bus 70, 81, 116, 492*

Sant'Andrea al Quirinale **[120 C5]**
Das barocke Spätwerk (1658–71) Gianlorenzo Berninis wirkt wie ein Salon in Altrosa, Gold und Weiß. Außergewöhnlicher, da querovaler Grundriss. Beliebte Hochzeitskirche. *Mi–Mo 9–12 und 16–19 Uhr, Via del Quirinale, Bus 64, 65, 117*

San Clemente **[124 C2]**
Schon die Mosaike in der Apsis der Basilika aus dem 12. Jh. sind ein Kleinod, doch das Beste liegt im Gewölbe: die Unterkirche aus dem 4. Jh. (Insider Tipp) mit Fresken von Papst Clemens (88–97 n. Chr.) und darunter ein Mithräum mit Altar und Opferstein. *Tgl. 7.30–12.30 und 15.30 bis 19 Uhr, Via di S. Giovanni in Laterano, Bus 117, Metro B: Colosseo*

San Giovanni in Laterano **[125 D3]**
Die Lateransbasilika wurde bei einem Bombenanschlag 1993 schwer beschädigt, aber die Restauratoren machten sich sofort an die Arbeit, um die »Mutter aller Kirchen« wieder aufzubauen. Bis zum Exil der Päpste in Avignon (1305–77) war die erste Basilika der Christenheit, eine Schenkung von Konstantin an Papst Silvester (314–335), auch Sitz des Pontifikats. Die Barockbaumeister Domenico Fontana und Francesco Borromino bauten die fünfschiffige konstantinische Säulenbasilika behutsam um. Nach außen sieht man nur die Fassade, denn die Kirche ist vom strengen Lateranspalast, vom Kreuzgang und Baptisterium fest eingeschlossen. Gegenüber liegt die Heilige Treppe (Scala Santa), wichtige Reliquie für

alle Katholiken, denn darauf soll Christus im Haus des Pilatus emporgestiegen sein. Die heilige Helena brachte sie im 5. Jh. nach Rom. Am Ende liegt die Kapelle Sancta Sanctorum (1585–90), die Privatkapelle der Päpste. *Tgl. 7 bis 17.45 Uhr, Baptisterium 9–13 Uhr, Piazza S. Giovanni in Laterano, Metro A: S. Giovanni, Bus 117*

Sant'Ignazio **[117 E–F 2–3]**
Die geometrische Barockfassade ist ein Kontrapunkt zu den angrenzenden verschnörkelten Rokokohäusern. Im Innern der Jesuitenkirche, die dem Ordensgründer Ignatius von Loyola gewidmet ist, gelang Andrea Pozzo 1685 ein malerisches Kunststück. Die hohe Kuppel nämlich, die man von der Mitte des Hauptschiffes zu sehen glaubt, ist reine Illusionsmalerei. *Tgl. 7.30 bis 12.30 und 16–19.15 Uhr, Piazza S. Ignazio, Bus 62, 116, 117, 119: Via del Corso*

San Luigi dei Francesi **[116 D2]**
Die Nationalkirche der Franzosen, Ludwig dem Heiligen gewidmet, wurde 1518 begonnen, doch erst 1589 von Giacomo della Porta beendet. In der fünften Kapelle links hängen drei Bilder von Caravaggio. *Fr–Mi 8–12.30 und 15.30 bis 19 Uhr, Piazza S. Luigi dei Francesi (hinter dem Palazzo Madama), Bus 70, 81, 87, 116, 492*

Insider Tipp

Santa Maria in Cosmedin **[123 F2]**
Papst Adrian I. schenkte die Kirche im 8. Jh. der griechisch-byzantinischen Gemeinde, die wegen der Verfolgungen im Osten nach Rom kamen. Der Name (*cosmedin*, griechisch: Ornament) stammt von den reichen Goldmosaiken, die die *Cosmaten*, eine berühmte Künstlerfamilie, im 12. Jh. ausführten. In der Sakristei die Ikone der Teotokos, der Mutter Gottes, und das Mosaik des Johannes VII. Im Atrium der »Mund der Wahrheit«. *Tgl. 9–13 und 15–18 Uhr, Piazza Bocca della Verità, Bus 81, 160, 628*

Kunstvolle Doppelsäulen im Kreuzgang von San Giovanni in Laterano

Santa Maria in Trastevere **[116 C6]**
Hinter dem achteckigen Brunnen erhebt sich die Fassade der ältesten Marienkirche Roms aus dem 3. Jh. In der Sonne glänzt das Goldmosaik »Maria mit zehn heiligen Frauen« (12. Jh.). Die schönsten Mosaike schmücken die Apsis: Jesus überlebensgroß mit Maria und Heiligen. *Tgl. 7.30–13 und 16–19 Uhr, Piazza S. Maria in Trastevere, Tram 8*

Santa Maria Maggiore [121 D6]
Jedes Mal am Abend des 5. August wird auf dem Esquilin mit Blüten, Papierschnitzeln oder Laserstrahlen eine weiße Illusion erzeugt, um an die Gründungslegende zu erinnern. In dieser Nacht soll Papst Liberius im Jahr 352 die Gottesmutter erschienen sein, die ihm auftrug, an der Stelle, wo er am Morgen Schnee fände, eine Kirche zu bauen. In der Patriarchalbasilika, die dem Papst untersteht, wird seit dem 5. Jh. jeden Tag ein Hochamt gefeiert. Viele Römer halten das 86 m lange, dreischiffige Innere mit den kunstvollen Mosaiken für den feierlichsten Andachtsraum. Die Kassettendecke ist mit Gold überzogen, das die Spanier den Indianern im eben entdeckten Amerika geraubt hatten. *Tgl. 7–19 Uhr, Piazza S. Maria Maggiore, Bus 70, 71, 75*

Santa Maria della Pace [116 C2]
Als Dank für den Mailänder Frieden ließ Papst Sixtus IV. 1482 die Marienkirche umbauen und nannte sie »della Pace«, des Friedens. Über dem Bogen der Cappella Chigi, erste rechts, malte Raffael seine berühmten »Sibyllen«. Den Kreuzgang des angrenzenden Klosters gestaltete Donato Bramante. *Zzt. wegen Restaurierung geschl., Vicolo della Pace*

Santa Maria del Popolo [120 A2]
Gleich hinter der Porta del Popolo liegt die Augustinerkirche, in der schon Martin Luther 1510 mit seinen Ordensbrüdern die Messe zelebrierte. Im Innern erwartet den Besucher ein Kunstrausch: Die Fresken im Chor und in der Cappella Rovere schuf Pinturicchio; in der Cappella Cerasi, links vom Altar, hängen die »Bekehrung des Paulus« und die »Kreuzigung Petri« von Caravaggio; die Cappella Chigi, zweite von rechts, hat Raffael im Auftrag einer Bankiersfamilie ausgeschmückt; im Chor zwei Grabmäler von Andrea Sansovino; die Marmorfiguren des Hochaltars, der die »Madonna del Popolo« trägt, sind von Bernini und Lorenzetto. *Tgl. 7–12 und 16–19 Uhr, Piazza del Popolo, Metro A: Flaminio*

Santa Maria sopra Minerva [117 E3]
Sie ist die einzige gotische Kirche Roms, 1280 auf Fundamenten des Minervatempels gebaut. Links vom Altar steht der kraftvolle Christus von Michelangelo (1519–21), der das Kreuz und die Marterwerkzeuge packt; das bronzene Lendentuch wurde ihm erst später aufgeschweißt. Berühmt sind die Fresken Filippo Lippis (1488–92) über Thomas von Aquin, in der Cappella Caraffa im rechten Querschiff.
Vor der Dominikanerkirche steht ein – im Volksmund »Floh von Minerva« genannter – kleiner Elefant von Bernini mit einer viel zu großen Satteldecke. *Tgl. 7–12 und 16–19 Uhr, Piazza della Minerva, Bus 117, 119*

San Pietro in Vincoli [124 B1]
Die Ketten, mit denen Petrus im Mamertinischen Kerker festgeschmiedet gewesen sein soll, gaben der Kirche ihren Namen und haben als kostbare Reliquie ihren Platz unter dem Hochaltar. Die meisten Besucher kommen allerdings, um den Moses von Michelangelo (1516) zu sehen, eines der Hauptwerke der Hochrenaissance: Michelangelo gestaltete ihn als kraftvoll-majestäti- Insider Tipp

sche Persönlichkeit mit drohendem Blick und Hörnern, die aufgrund eines Übersetzungsfehlers seinen Kopf statt göttlicher Strahlen schmücken. *Mo–Sa 7–12.30 und 15.30–18, So 8.45–11.45 Uhr, Piazza S. Pietro in Vincoli, Bus 117*

San Prassede **[121 D6]**
Wenige Schritte von der großen Kirche S. Maria Maggiore entfernt liegt die kleine Basilika S. Prassede mit den geglücktesten byzantinischen Mosaiken Roms. Prassede wurde der Legende nach von Petrus zum Christentum bekehrt. Auch die Mosaiken im Boden und in der Apsis sind sehenswert. Und ein »Paradiesgärtlein« sei, so die Pilgerbücher im Mittelalter, die golden erleuchtete Cappella Zenone im rechten Seitenschiff. *Tgl. 7.30–12 und 16–18.30 Uhr, Via S. Prassede, Bus 70, 71, 75*

KURIOSITÄTEN

Ruotola di S. Spirito (Babyklappe S. Spirito) **[118 C5]**
Auf der Rückseite des Hospitals S. Spirito, das schon im Jahr 727 als Rom-Herberge der sächsischen Pilger eingerichtet wurde und als dienstältestes Krankenhaus Europas (in modernsten Anbauten) fortbesteht, befindet sich die *ruotola*, die drehbare Babyklappe, wo Mütter in Not bis zum späten 19. Jh. ihren Nachwuchs abgeben konnten. *Via S. Spirito, Bus 64*

Insider Tipp **Statue Parlanti (Sprechende Statuen)**
Wenn Sie an manchen Plätzen Roms kleine, verhutzelte Steinmännchen, vom Umweltsmog zerfressen, erblicken, dann höhnen Sie nicht. Es sind die berühmten »Sprechenden Statuen«, und die hatten im päpstlichen Rom ebenso viel demokratischen Wert wie heute die Meckerecke im Hyde Park. Nachts taten nämlich die Römer durch den Mund der Statuen und damit anonym ihren Unmut über die päpstliche Obrigkeit kund.

Pasquino am gleichnamigen Platz **[116 C3]** hängen noch heute manche Stoßgebete gegen Lärm und Schmutz in Rom um den Hals. *Madama Lucrezia* im Palazzetto Venezia **[117 F4]** ist die einzige sprechende Dame. *Abt Luigi* an der Piazza Vidoni **[116 D4]** beim Corso Vittorio Emanuele und *Facchino*, der Kofferträger, an der Via Lata **[117 F3]** sind etwas stillere Gesellen. Der Geschwätzigste ist die affenhässliche kleine Statue, die das Volk *El Babuino*, den Pavian, nennt. Er sitzt vor dem Palazzo 51 der nach ihm benannten vornehmen Via del Babuino **[120 A3]**.

OBELISKEN

Touristen bringen sich Gondeln aus Venedig oder den Eiffelturm aus Paris mit. Zu Zeiten Cäsars aber war bei den römischen Feldherren jener bleistiftspitze, tonnenschwere Stein, den die Ägypter für ihren Sonnenkult aufstellten, der letzte Schrei. Dreizehn Obelisken stehen auf den schönsten Plätzen Roms. Insider Tipp Den ersten brachte Augustus aus Heliopolis mit, den letzten klaute Mussolini 1937 im äthiopischen Axum und stellte ihn etwas verloren auf den Circo Massimo. Der größte (47 m) steht vor dem Lateran, den kleinsten trägt ein Marmorelefant von Bernini auf der Piazza di Minerva.

PALÄSTE

Palazzo Borghese **[120 A3]**
Die Römer nennen den Stadtpalast der römischen Adelsfamilie Borghese – nicht zu verwechseln mit der Villa Borghese (siehe Parks) und der Galleria Borghese (siehe Museen) – wegen seiner kuriosen Form *Cembalo*, denn die kurze Fassade mit den zwei Säulenbalkons zum Tiberufer gleicht einer Tastatur. Kardinal Camillo Borghese, später Papst Paul V. (1605–21), schenkte den Palast seinen Brüdern. Auch wenn das Gebäude heute Behörde ist, gehen Sie trotzdem hinein und betrachten Sie den repräsentativen barocken Innenhof mit 96 Säulen und Rundbögen, die mit klassischen Statuen geschmückt sind. *Piazza Borghese, Via Ripetta, Bus 628*

Palazzo della Cancelleria **[116 C3]**
Der große Stadtpalast wurde durch 60 000 Scudi (etwa 700 000 Euro) finanziert, die Kardinal Raffaele Riario 1483 seinem Kollegen Francesco Cybo beim Glücksspiel abknöpfte. Die jungen Herren waren Papstneffen und nebenbei aus reichen Familien. Seit 1870 befindet sich in der Cancelleria die Apostolische Kanzlei mit der »Sacra Romana Rota«, dem Päpstlichen Ehegericht. *Piazza della Cancelleria, Bus 46, 62, 64*

Palazzo Farnese **[116 C4]**
Im eleganten Palazzo Farnese nahe des Campo de'Fiori residiert die französische Botschaft. Leider dürfen Sie nicht einmal einen Blick in den von Michelangelo 1546 gestalteten Innenhof werfen. »Sicherheit«, sagt der französische Posten. Wenn Sie unbedingt die schöne Galerie mit den berühmten Fresken von Annibale Carracci (1597 bis 1604) sehen wollen, dann müssen Sie vier Wochen vorher einen schriftlichen Antrag beim Kulturattaché der französischen Botschaft stellen! *Piazza Farnese, Bus 117*

Palazzo Madama **[117 D2]**
Papst Clemens VII. (1523–34) von Medici brachte das politische Kunststück fertig, seinen unehelichen Sohn Alessandro mit der unehelichen Tochter Karls V., Margarethe von Parma, zu verheiraten. »Madama«, wie die Römer sie liebevoll nannten, lebte nur ein Jahr in diesem Renaissancepalast, da wurde ihr Gemahl ermordet. Seit 1871 residiert der italienische Senat im Palazzo Madama. *Corso di Rinascimento, Bus 70, 81, 87, 492*

Palazzo del Quirinale **[120 B–C5]**
Papst Gregor XIII. (1572–85) wünschte sich eine Sommerresidenz, die bequemer, luftiger und moderner sein sollte als der Vatikan. Nach der italienischen Einigung war der Renaissancepalast Sitz der italienischen Könige, heute spaziert Staatspräsident Carlo Azeglio Ciampi durch die schönen Barockgärten, die nur am 2. Juni, dem »Tag der Republik«, für alle geöffnet sind. Aber ein Blick über die Rampe entschädigt für vieles. *Mo–Sa 8.30–16.30, So 8.30–12.30 Uhr, Eintritt frei, Piazza del Quirinale, Bus 64, 70, 170: Via Nazionale*

Palazzo Venezia **[117 F4]**
Der trutzige Palast, den der venezianische Kardinal Pietro Barbo, später Papst Paul II., 1451 bauen ließ, gehörte 200 Jahre der Republik Venedig, fiel dann den Habs-

Richtig fit!

Joggen in der Villa Borghese

Eine gute Joggingstrecke geht durch den Park der Villa Borghese: vom Museo Borghese an der Via Pinciana, über den Reitplatz Piazza di Siena und den Lago bis zum Pincio, dann zur Kirche Trinità dei Monti und über die Via Vittorio Veneto zurück – oder am Museo di Arte Moderno vorbei bis zum Etruskischen Museum Villa Giulia, ca. fünf klassisch schöne Kilometer, beliebig variierbar.

burgern zu und wurde schließlich Regierungssitz Mussolinis. Der hielt vom mittleren Balkon Reden an seine Italiener und ließ die Schwarzhemden auf der Piazza Venezia aufmarschieren. Heute ist in dem Palast ein Museum für Kunst und Gewerbe untergebracht. *Piazza Venezia, Bus 63, 64, 117, 119*

PARKS & VILLEN

Bodenspekulation gab's schon im kaiserlichen Rom. Nur sehr reiche Patrizier konnten sich einen Garten *(hortus)* leisten, Augustus auf dem Palatin, Nero auf dem Vatikan-Gelände oder Lucius Lucullus, der mehr als Feinschmecker denn als Feldherr in die Geschichte einging, auf dem Pincio. Im Mittelalter, als Rom nur noch ein paar tausend Römer zählte, pflegten nur die Klöster noch ihre Wein- und Gemüsegärten. Erst in der Renaissance und im Barock legten die Adelsfamilien die schönen Parks, die noch immer nach den Herrenhäusern Villa Borghese, Villa Pamphili oder Villa Torlonia genannt werden, an. Heute, wo Rom eine der Großstädte mit der geringsten Grünfläche und dem meisten Beton geworden ist, sind sie Oasen der Römer, die es wenig stört, wenn sie mit Eisbechern und Zigarettenschachteln gespickt sind.

Villa Borghese **[120 B–C 1–2]**
Nach dem Kunstgenuss in der Galleria Borghese können Sie sich in Roms zweitgrößtem Park erholen, etwa beim Inlineskaten, Fahrrad und Rikscha fahren oder im Mai beim Reitturnier auf der Piazza di Siena. Der frühere Zoo ist zum Biopark mit einheimischen Tieren umgewandelt worden. *Via Pinciana, Tram 19, 3 (früher 30!), Bus 116*

Villa Celimontana **[124 B–C 3–4]**
Der Caelius-Hügel über dem Kolosseum, Villa Celimontana genannt, ist eine wahre archäologische Fundgrube. Oberhalb der Via Claudia liegen die Reste des Claudius-Tempels. Mitten durch den Park zieht sich das Aquädukt der Flavier, um die verfallene Villa der Società Geografica liegen Marmorskulpturen, Säulen und, halb versteckt, ein Obelisk herum. Und für Kinder gibt es einen attraktiven Spielplatz unter Pinien. *Via Claudia, Tram 3 (früher 30!), Bus 117*

Villa Doria Pamphili **[122 A3–4]**
Roms größter Park wurde 1960 durch die eilig zu den Olympischen

Campo de'Fiori: Buntes Marktreiben rund um die Statue Giordano Brunos

Spielen gebaute Verbindungsstraße, die Via Olimpia, zerschnitten. Im größeren Teil, wo Cäsar für Kleopatra eine Villa bauen ließ, steht heute das Lustschloss Camillo Pamphilis, Neffe von Papst Innozenz X., 1644 im Palladio-Stil gebaut. Die Regierung benutzt es gern für offizielle Anlässe. *Eingänge: Via di S. Pancrazio, Via Aurelia Antica, Via Vitelia, Bus 75, 710*

PLÄTZE

Campo de'Fiori **[116 C4]**

Er ist sicher nicht der billigste Markt der Stadt, aber viele Römerinnen schwören auf ihren Campo de'Fiori, das »Blumenfeld« im Herzen Roms, wo es viel Grünzeug und Gemüse, aber nur wenige Blumen gibt. Der Name stammt von einer blumigen Rinderweide, die sich hier im Mittelalter befand. Zwischen Corso Vittorio Emanuele und der vornehmeren Piazza Farnese (Insider Tipp) gelegen, von hohen, in allen Farben restaurierten Palästen umgeben, ist er besonders abends, wenn die Wirte ihre Tische auf die Straße stellen, einer der romantischsten Essplätze Roms. *Bus 63, 64, 116*

Piazza Colonna **[117 F2]**

Nicht nur die Trajanssäule, auch die etwas kleinere Mark-Aurel-Säule, Schmuckstück der Piazza Colonna, glänzt frisch restauriert. Zu Ehren Mark Aurels nach seinem Sieg über die Markomanen 176 n. Chr. errichtet, sind die umlaufenden Friese eine wunderbare Sittengeschichte des Altertums – auch zur Anschauung für die heutigen Politiker, denn rechter Hand liegt der Palazzo Chigi, Sitz des Ministerpräsidenten, und dahinter auf der Piazza di Montecitorio tagt das Parlament. Bei Demonstrationen können die Politiker durch einen unterirdischen Gang zwischen den beiden Häusern entfliehen. *Bus 63, 116, 119*

Piazza Navona **[116 D2–3]**

★ Die barocke Arena ist noch heute der beliebteste Treffpunkt aller

Römer. Eine herrschaftliche Bühne Tag und Nacht, für arme Darsteller und reiche Selbstdarsteller, mäßige Maler und Fliegende Händler, prominente Flaneure und Promenadenmischungen. Das Prunkstück der Piazza, die Fontana dei Quattro Fiumi (Vierströmebrunnen) stammt von Gianlorenzo Bernini, der Neptunbrunnen im Norden der Piazza von Giacomo della Porta. *Bus 64, 70, 81, 119, 492*

Piazza del Popolo **[120 A2]**
Die große Renaissancepiazza war Empfangsraum für alle, die über die Via Cassia oder die Via Flaminia kamen. Als Königin Christina von Schweden 1655 ante portas stand, hatte Bernini gerade das Renaissance-Tor von Michelangelo umgebaut. Giuseppe Valadier schuf 1830 die klassizistischen Treppen und Galerien zum Pincio hinauf. *Metro A: Flaminio, Bus 117*

Scalinata Trinità dei Monti (Spanische Treppe) **[120 B4]**
★ Die beschwingten Balustraden unter der französischen Kirche Trinità dei Monti sind das harmonische Ergebnis eines jahrzehntelangen Streits zwischen den Päpsten und der französischen Krone. Die Franzosen finanzierten den Aufgang zu ihrer Nationalkirche und der Sonnenkönig Ludwig XIV. hätte sich am liebsten selbst auf der Piazza di Spagna ein Denkmal gesetzt. Aber die Päpste brachten schließlich ihre Version durch und ließen 1723 die elegante Treppeanlage von Alessandra Specchi und Francesco de Sanctis schaffen. Früher war sie von der internationalen Jugendszene beherrscht, doch seit ihrer Restaurierung 1996 ist Essen, Trinken, Kiffen und Verhökern nicht mehr erlaubt, Flirten immer. *Metro A: Spagna, Bus 116*

STADTTEILE

Centro Storico (Historisches Zentrum) **[116–117]**
Zwischen Piazza del Popolo, Spanischer Treppe, Piazza Venezia und dem Tiber-Knie liegt das historische Zentrum, das alte Rom in seiner ganzen architektonischen Schönheit, mit den Renaissance- und Barockpalästen, den übersprudelnden Brunnen, den verwinkelten Gassen mit alten Handwerksbetrieben und Trattorien. Doch Roms Herz hat schon so seine modernen Plagen. Wahnsinnsmieten haben die Bevölkerung vertrieben, Schmiede und Korbflechter können sich gegen Jeansläden nicht mehr behaupten, die Restaurants sind zu teuer geworden, und der Verkehr treibt die Innenstadt zum Infarkt. Dabei ist das historische Zentrum dafür eigentlich von 7 bis 19 Uhr und ab 22 Uhr nachts gesperrt. Doch es gibt Ausnahmegenehmigungen ...

Esposizione Universale di Roma – EUR **[127 D5]**
Für die geplante Weltausstellung 1942, die wegen des Zweiten Weltkriegs jedoch nicht stattfand, ließ Benito Mussolini auf halbem Weg zwischen Rom und Ostia ein monumentales, geradezu futuristisches Viertel bauen, die *Esposizione Universale di Roma*, EUR genannt. Schon von weitem sehen Sie den quaderförmigen Palazzo della Civiltà del Lavoro mit seinen 216 Fensternischen. Die Kuppel des Palazzo dei Congressi gehört zu den ästhetischen Beispielen faschistischer Ar- Insider Tipp

chitektur, ebenso wie das Museo della Civiltà Romana, welches übrigens kein einziges Original, aber viele exzellente Kopien beherbergt. *Metro B: EUR Marconi, dann Bus 791*

Insider Tipp **San Lorenzo** **[125 F1]**
Wer ein altes Arbeiterviertel Roms kennen lernen will, der sollte nach San Lorenzo gehen. Ein rotes Viertel. Vor der kleinen Zentrale der linksdemokratischen PDS (Exkommunisten) in der Via Latini stehen Männer im Unterhemd und lesen die Parteizeitung. Der Markt am Largo dei Osci ist noch billig, und einen Teller Spaghetti gibt es in den Kneipen für Geld und gute Worte. *Tram 19, 3 (früher 30!)*

Trastevere **[116 B–D6]**
★ Kaum sind Sie an der Piazza Sonnino links oder rechts in die Via Lungaretta eingebogen, tauchen Sie in ein Gewirr von Gässchen ein, wo die Wäsche über der Straße hängt und alte Leute ihre Stühle zum Plausch aufs Pflaster rücken. Schön ist Roms größtes Dorf *Trans Tiberim* – also jenseits des Tibers, wie es zu Augustus Zeiten hieß – noch immer. Freilich ein wenig zu herausgeputzt. Der Immobilienrausch der letzten Jahre hat das Handwerkerviertel zu einem Nobel- und Kneipenviertel vor allem für Ausländer gemacht. Die Restaurants um den achteckigen Brunnen von S. Maria in Trastevere werden immer unerschwinglicher. Aber es gibt noch viele alte Trasteverianer, die ihre kleinen, verwinkelten Wohnungen um keinen Preis verkaufen. Und die, die fortgezogen sind, kommen einmal im Jahr, zur *Festa de Noiantri* im Juli, zurück.

STRASSEN

Via Appia Antica **[125 D6]**
★ Einst rollte hier der gesamte Verkehr des römischen Weltreichs, Kaiser, Händler, Beamte und Militärs zogen über die Via Appia Antica, die der Zensor Appius Claudius Caecus 312 v. Chr. angelegt hatte, nach Süden bis zum Hafen Brindisi. Heute braust der Autoverkehr über die nur 4,30 m breite Straße. Es gibt keine Bürgersteige, sodass die Touristen auf dem ersten Kilometer hinter der Porta S. Sebastiano gnadenlos an die Mauern gedrängt werden. Zum Glück ist die Via Appia nun an Sonn- und Feiertagen von 9 bis 19 Uhr für Autos gesperrt (Insider Tipp) und damit ein neues Fußgänger- und Fahrradparadies (Fahrradverleih gegenüber der Quo-Vadis-Kirche), gesäumt von antiken Grabmälern, Aquädukten und den oft illegal erbauten neueren Villen. 1997 verwandelte man die Straße in einen großen archäologischen Park,

Via Appia Antica

um ein echtes Stück römischer Campagna zu erhalten. *Bus 218 ab S. Giovanni in Laterano, Archeobus von Piazza S. Marco (Piazza Venezia) Abfahrt 9–18 Uhr stündlich, Fahrpreis 8 Euro, bis zum Rundgrab der Caecilia Metella*

Via della Conciliazione **[118 C5]**
Früher standen Pilger nach dem Marsch durch die kleinen Gässchen des Borgo Pio plötzlich vor dem hehren Petersplatz. 1937 schlug Mussolini eine breite Schneise durch das Borgo und erfüllte mit der repräsentativen Zufahrtsstraße vom Tiber den Päpsten einen alten Wunsch. Die »Straße der Versöhnung« erinnert an den Abschluss der Lateranverträge 1929, die den Frieden zwischen Papst und dem italienischen Einheitsstaat besiegeln. *Bus 23, 62, 64*

Via Condotti **[120 A–B4]**
Zwischen dem lauten Corso und der Spanischen Treppe befindet sich in Roms teuerste und eleganteste Geschäftsstraße. Auch die parallel liegenden Via Borgognona und Via Vittoria bieten das Feinste vom Feinen der Modebranche. Wenn Sie Ihren Blick mehr auf die flanierenden Römer neben Ihnen werfen, steuern Sie an den sündhaft teuren Versuchungen in den Boutiquen gut vorbei. *Bus 117*

Via del Corso **[117 F1–3]**
Am schmalen Corso, der im Mittelalter Via Lata, »breite Straße«, hieß, bauten die Adeligen ihre Paläste. Statt von Kutschen wird sie heute trotz Innenstadtsperrung massenhaft von Bussen, Taxis und Regierungslimousinen beherrscht. Nur zur Piazza del Popolo hin ist sie verkehrsberuhigt. Junge Mode hat sich in den Geschäften ausgebreitet. So ist der alte Corso für die jungen Römer eine Flanierstraße geworden. *Bus 60, 63, 81, 117, 119*

Via Giulia **[116 A–C 2–4]**
Sie ist noch immer eine romantische Straße mit blühenden Zweigen, die über alten Gemäuern hängen, mit Brunnen und Torbögen. Der Renaissancepapst Julius II. ließ seinen Baumeistern freie Hand bei der Gestaltung der herrschaftlichen Zeile. Viele Paläste zwischen den Kirchen S. Giovanni dei Fiorentini und S. Biagio degli Armeni gehörten den Medici und anderen Florentinern. Im Haus Nr. 85 lebte Hofmaler Raffael mit seiner jeweiligen Geliebten, in Nr. 66 Baumeister Antonio Sangallo. Und die Nr. 93 war der Palast des späteren Papstes Paul III. *Bus 116*

TIBER

Bis zu Goethes Zeiten war der Tiber noch schiffbar, in den 1920-er Jahren entstanden Kanuclubs, bis in die 1950-er Jahre amüsierten sich die Römer in Tiber-Badeanstalten, aber heute tunkt kaum einer mehr den kleinen Zeh hinein. Damit der Fluss nicht ganz verwaist, fährt im Sommer – nur bei ausreichendem Wasserstand – alle halbe Stunde der *acquabus* zwischen Tiberinsel **[117 D–E6]** und Ponte Duca D'Aosta **[O]** hin und her. *Tgl. 10–13 und 15–21 Uhr, alle 30 Min., 1 Euro*

Ponti del Tevere (Tiberbrücken)
Ein Tiberspaziergang unter den grünen Platanen lohnt nur am Sonntag, wenn der Verkehr auf dem *Lungotevere* so spärlich dahinfließt

wie der Tiber im Sommer. Unter den 21 Brücken sind vier ganz besondere.

Ponte Fabrizio und *Ponte Cestio* **[117 E6]** sind die ältesten Brücken Roms und führen auf die Tiberinsel, die wie ein fest verankertes Schiff im Wasser liegt. Der Sage nach war hier ein griechisches Schiff gestrandet, nur eine Natter aus dem Aesculap-Heiligtum in Epidauros schlängelte sich an Land, weshalb die Römer ihr einen Tempel bauten. Auf seinen Mauern entstand das Hospital der Fate-Bene-Fratelli, eines der größten Krankenhäuser der Stadt. Unter den Tiberbrücken längs der Kais findet jeden August die »Tevere-Expo«, Roms lokale Buchmesse, statt.

Auf dem *Ponte Milvio* **[O]** schlug Kaiser Konstantin 312 n. Chr. seinen ärgsten Feind und Widersacher Maxentius. Karl der Große, Luther, Friedrich II. und Christina von Schweden zogen schon über den historischen Steg, den die Römer Ponte Molle, marode Brücke, nennen. *Bus 32, 220*

Die schönste Brücke Roms, der *Ponte S. Angelo* **[116 B1]**, ist nur für Fußgänger und führt direkt vom historischen Zentrum zur Engelsburg. So können Sie die zehn Barockengel Berninis (1660–67), die unterm wallenden Faltenwurf sehr kokett Bein zeigen, in Ruhe betrachten. *Bus 64*

VATIKAN

[118 A–B 4–5] Ironie der Geschichte: 1870, im selben Jahr, als das Erste Vatikanische Konzil dem Papst die Unfehlbarkeit bescheinigte, vertrieben die italienischen Einheitstruppen den Pontifex Maximus aus Rom. Damit fiel die letzte Bastion des Kirchenstaats, der sich einst über ganz Mittelitalien erstreckte. Der Heilige Vater zog sich in den Vatikan zurück. Erst 1929, als Mussolini und Pius XI. die Lateranverträge schlossen, normalisierten sich die Beziehungen. Der Vatikan wurde wieder ein souveräner Staat, der kleinste der Welt und die letzte absolute Monarchie, auf 44 ha Land. Seinen 600 Untertanen mit vatikanischem Pass und den 2000 italienischen Angestellten, die jeden Morgen die Schweizergarden passieren, mangelt es an nichts. Sie müssen nicht einmal Steuern zah-

Entspannen & Genießen

Warmer Whirlpool und coole Palestra im »La Russie«

Wenn Sie nach dem Pflastertreten etwas für sich und Ihre müden Füße tun möchten: Im *Centro Benessere*, dem Wellness-Center des Fünf-Sterne-Hotels »La Russie« können Sie sich Seite an Seite mit der High Society Roms verwöhnen lassen: Sauna, *palestra* (Fitnessraum), warmer Whirlpool mit Salzwasser für 25 Euro, Shiatsumassagen und Gesichtspflege zwischen 65 und 75 Euro. Nur mit Vorbuchung: *Centro Benessere La Russie, Tel. 06 36 00 60 28, Via del Babuino 9, Metro A: Flaminio.*

len. Der »Stato della Città del Vaticano« hat eigene Supermärkte, Radiosender und einen Hubschrauberlandeplatz für den reisefreudigen Johannes Paul II. Zudem besitzt er eine eigene Polizei, die 100 Mann starke Schweizergarde, eigene Münzen, Briefmarken und eine Post, die im Gegensatz zur italienischen zuverlässig funktioniert (Postamt auf dem Petersplatz). Ein ganz normaler Staat also, allerdings hat er Nachwuchsprobleme und besteht (fast) nur aus Männern. *Bus 64*

Insider Tipp

Camposanto Teutonico [118 B5]
Sie erreichen diese urdeutsche Gedenkstätte durch das linke Glockentor St. Peters. Beim Zauberwort »Camposanto Teutonico« lassen die Schweizergarden Sie ungehindert passieren. Auf dem kleinen Friedhof vor dem Collegio Teutonico ruhen Künstler und Schriftsteller wie Stefan Andres, der Archäologe Ludwig Curtius und so mancher deutsche Pilger, der Rom besuchte und nie wieder verließ. *Mo–Sa 7–13 Uhr, Piazza S. Pietro, Metro A: Musei Vaticani*

Giardini Vaticani (Vatikanische Gärten) [118 A4–5]
Lange Jahre waren sie verschlossen gewesen, heute organisiert das *Ufficio Informazioni Pellegrini e Turisti*, linker Flügel vor dem Dom, zu bestimmten Zeiten Besuche. *Führungen: Mo–Di, Do–Sa 10 Uhr, Eintritt 10 Euro, Vorbestellung nötig. Zzt. wegen Bauarbeiten geschl.*

Musei Vaticani (Vatikanische Museen) [118 B4–5]
Vatikanische Museen mit der Sixtinischen Kapelle und Raffaels Stanzen siehe Museumskapitel S. 50–53.

Piazza S. Pietro (Petersplatz) [118 B–C5]
★ »Über mich sollt ihr nur von großartigen Werken erzählen«, so Barockbaumeister Gianlorenzo Bernini, der acht Päpsten gedient und Rom wie kein Zweiter gestaltet hat. Der 1667 vollendete Petersplatz ist ein Meisterwerk – auch der optischen Illusionen. Denn der kreisförmig anmutende Platz ist in Wirklichkeit eine Ellipse und das flach wirkende Rechteck vor dem Dom ein 4 m ansteigendes Trapez. Von den kleinen Marmorplatten links und rechts des Brunnens betrachtet, verschmelzen die vier Säulenreihen zu einer einzigen Kolonne. Die halbkreisförmigen Kolonnadenkränze, mit 140 Heiligen bestückt, wirken wie einladende Arme. So erreichte Bernini sein Ziel: Michelangelos perfekte Kuppel, die hinter der missproportionierten Domfassade von Carlo Maderno fast verschwand, rückt wieder in den Mittelpunkt.

San Pietro (St. Peter) [118 B5]
Zum Heiligen Jahr 2000, nach zweieinhalbjährigem Großputz, erstrahlte die Basilika der Christenheit in neuen Farben. St. Peter – ein christlicher Superlativ. Die Kirche bedeckt zweieinhalb Mal die Fläche des Kölner Doms, misst 211 m Länge, 186 m an seiner breitesten Stelle und 132 m Höhe. Das größte Gotteshaus der Welt kann 60 000 Menschen aufnehmen. 1506 beauftragte Papst Julius II. Donato Bramante mit dem Bau einer dreischiffigen Kathedrale anstelle der antiken Basilika, die Konstantin über dem Grab Petri errichtet hatte. In der 120-jährigen Baugeschichte brachten die besten Baumeister Ita-

Blick von der Kuppel des Petersdoms auf Berninis ovale Piazza S. Pietro

liens viele einander widersprechende Modelle ein: Bramante plante als Grundriss ein griechisches Kreuz mit einer mächtigen Kuppel, das auf Wunsch nachfolgender Päpste in ein langschenkeliges Kreuz verwandelt wurde. Das Langhaus war noch nicht fertig, als Michelangelo 1546 Bramantes Ideen wieder aufnahm und eine große Kuppel nach dem Vorbild des Florentiner Doms begann. Papst Paul V. schwebte wiederum das längste Langhaus der Christenheit vor und beauftragte Carlo Maderno mit dem Anbau und der Fassade, die dann aber die Sicht auf die Kuppel einschränkte.

Im Innern von St. Peter: vor dem mittleren der fünf Bronzeportale die rote Porphyrscheibe, wo Karl der Große am Weihnachtstag des Jahres 800 zum römischen Kaiser gekrönt wurde; rechts die Heilige Pforte, die nur in heiligen Jahren geöffnet wird. Michelangelos »Pietà«, erste Seitenkapelle rechts, steht – seit ihr 1972 ein Geistesgestörter die Nase abschlug – hinter schusssicherem Glas; am Pfeiler des heiligen Longinius die Bronze St. Peters mit den klassischen Gesichtszügen, der Fuß ganz blank von den vielen Küssen der Pilger; eine Marmortreppe vor dem Papstaltar führt zum Grab Petri, darüber wölbt sich der schwere Bronzebaldachin von Bernini; in der Apsis zwei weitere Bernini-Werke, der Kathedra-Altar, der den »Heiligen Stuhl« Petri enthält, und das Grabmal des Barberini-Papstes Urban VIII.; links im Langschiff der Eingang zur Sakristei und zum Vatikanschatz; ebenfalls im linken Schiff, beim Denkmal der Clementina Sobieski, der Aufgang zum Dach (Aufzug) und dann die 320 steilen Stufen auf die Kuppel, wo man einen herrlichen Blick auf Rom genießt. *Kirche: tgl. 7–19, im Winter bis 18 Uhr, Sakristei 9–18, im Winter bis 14.30 Uhr, Eintritt 2,50 Euro, Dach und Kuppel 9–18 Uhr, Eintritt 2,50 Euro, mit Lift 3 Euro. Bitte dezent kleiden!*

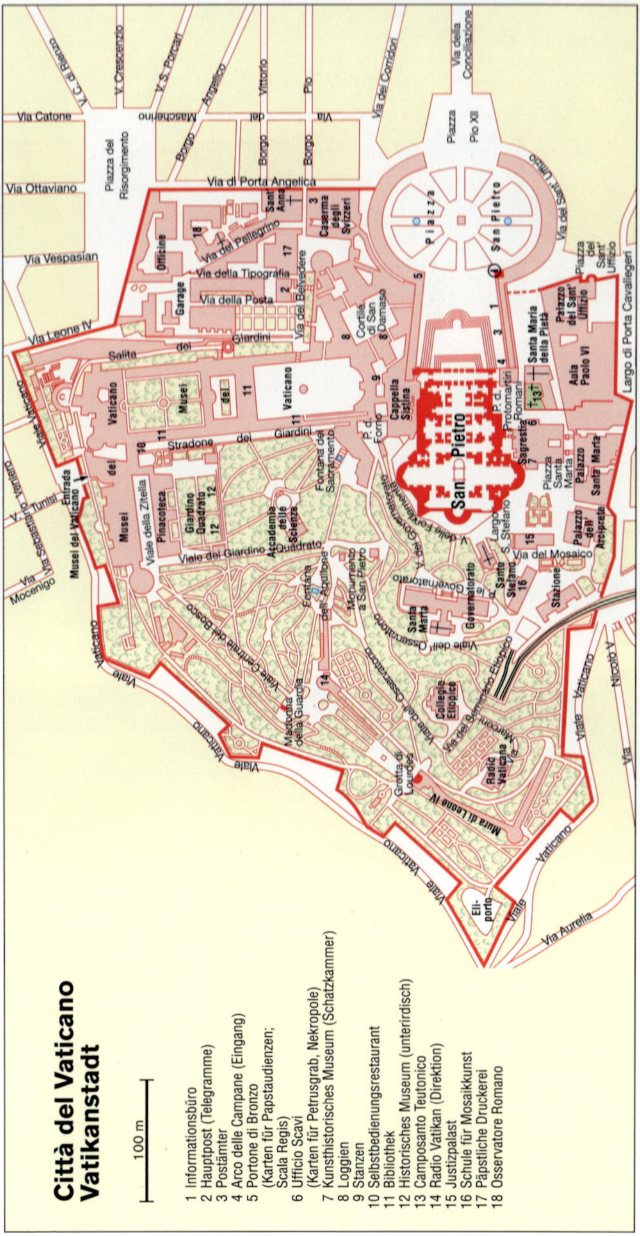
Città del Vaticano
Vatikanstadt
100 m
1 Informationsbüro
2 Hauptpost (Telegramme)
3 Postämter
4 Arco delle Campane (Eingang)
5 Portone di Bronzo
(Karten für Papstaudienzen; Scala Regis)
6 Ufficio Scavi
(Karten für Petrusgrab, Nekropole)
7 Kunsthistorisches Museum (Schatzkammer)
8 Loggien
9 Stanzen
10 Selbstbedienungsrestaurant
11 Bibliothek
12 Historisches Museum (unterirdisch)
13 Camposanto Teutonico
14 Radio Vatikan (Direktion)
15 Justizpalast
16 Schule für Mosaikkunst
17 Päpstliche Druckerei
18 Osservatore Romano
Via Catone
Via Ottaviano
Via Vespasian
Via Leone IV
Piazza del Risorgimento
Via di Porta Angelica
Borgo Vittorio
Borgo Pio
Via dei Corridori
Via della Conciliazione
Piazza Pio XII
Piazza San Pietro
Via del Sant' Uffizio
Piazza del Sant' Uffizio
Palazzo del Sant' Uffizio
Largo di Porta Cavalleggeri
Aula Paolo VI
Santa Maria della Pietà
San Pietro
Cappella Sistina
Cortile di San Damaso
Caserma degli Svizzeri
Sant' Anna
Via del Pellegrino
Via della Tipografia
Via della Posta
Via del Belvedere
Officine
Garage
Giardini
Salita del Giardini
Musei Vaticani
Musei del Vaticano
Stradone dei Giardini
Pinacoteca
Giardino Quadrato
Viale della Zitella
Viale del Giardino Quadrato
Accademia delle Scienze
Fontana del Sacramento
Fontana dell' Aquilone
Monumento a San Pietro
Entrada
Viale Vaticano
Via Sebastiano Veniero
V. Tunisi
Via Mocenigo
Piazza Santa Marta
Palazzo Santa Marta
Palazzo dell' Arciprete
Largo S. Stefano
Via del Mosaico
Stazione
Governatorato
Santa Marta
Viale dell' Osservatorio
Viale del Seminario Etiopico
Collegio Etiopico
Viale Centrale del Bosco
Madonna della Guardia
Grotta di Lourdes
Radio Vaticana
Via Marconi
Mura di Leone IV
Eliporto
Via Aurelia
Sagrestia
Protomartiri Romani
P. d. Forno

Kunst im E-Werk und im Vatikan

Das Wunder des Heiligen Jahres: Rom hat seine Museen aufpoliert und präsentiert seine Schätze neu

Ein Drittel aller Kunstschätze der Welt liegt in Italien, aber erst in jüngster Zeit kommen die unermesslichen Schätze wieder zur Geltung. Es grenzt an ein Wunder, aber Rom-Besucher, die seit Generationen vor verschlossenen Türen (»chiuso per restauro«) standen, erleben auf einmal eine ganz neue Museumslandschaft. Die marmornen Schönheiten der Antike residieren endlich standesgemäß im Palazzo Altemps und Palazzo Massimo. Frischer Wind fegt durch die einst so verstaubte Archäologie. Die Kapitolinischen Museen, die ältesten der Welt, sind stilvoll restauriert. Die nächste gute Nachricht: Viele kapitolinische Marmorgötter und Büsten, die eigentlich nur vorübergehend ins alte E-Werk Montemartini in der Via Ostiense umgezogen waren, dürfen wegen des Erfolgs in ihrem ungewöhnlichen Provisorium gegenüber dem römischen Großmarkt bleiben. Und mit der Umwandlung der päpstlichen Stallungen, der *scuderie papali*, neben dem Quirinale in ein zeit- und standesgemäßes Ausstellungszentrum ist Rom ein Coup in der Kunstszene gelungen.

Nur auf eines müssen Sie sich auch in der schönen neuen Kunstwelt gefasst machen: Die Öffnungszeiten aller Museen ändern sich so spontan, wie die Römer nun mal sind. In den Sommermonaten sollen bei manchen Highlights sogar selige Öffnungszeiten bis 22 Uhr anbrechen! Vorsicht, lieber in den Infopavillons nachfragen.

Verschlungene Wege führen durch die römischen Museen: Wendeltreppe in den Vatikanischen Museen

MUSEEN & GALERIEN

Casa de Chirico **[120 B4]**

Als ob er jeden Moment zurückkehrte! 1998, zwanzig Jahre nach dem Tod des surrealistischen Malers Giorgio de Chirico, wurde seine bohemehafte Wohnung an der Piazza di Spagna zum Museum umgewandelt. *Mo–Fr 10–13 Uhr, nur nach tel. Anmeldung: 066 79 65 46, Eintritt 5 Euro, Piazza di Spagna 31, Metro A: Spagna, Bus 117*

Casa di Goethe **[119 F3]** Insider Tipp

"Oh, wie fühl ich mich in Rom so froh! Gedenk ich der Zeiten, da mich ein grässlicher Tag hinten im

Norden empfing", sprach der Aussteiger aus Weimar, der 1786 und 1787 gute 15 Monate in Rom weilte. Der prominente Dichter genoss sein Römerleben unter dem Pseudonym Filippo Möller. Heute ist die Wohnung, die der Geheimrat mit seinem Malerfreund Heinrich Wilhelm Tischbein teilte, Museum und Kulturforum. *Mi–Mo 11–17 Uhr, Eintritt 2,5 Euro, Via del Corso 18, Bus 117, 119*

Insider Tipp **Centrale Montemartini** **[0]**
★ Eine strahlend weiße Venus, die Aphrodite von Knidos, römische Kaiser, Feldherren und Philosophen im E-Werk Montemartini? Die reizvolle Unterbringung der Helden und Götter während der teilweisen Restaurierung ihrer Heimat, der Kapitolinischen Museen, sollten Sie sich nicht entgehen lassen. *Di–Fr 10–18, Sa und So 10–19 Uhr, Eintritt 6 Euro, Via Ostiense 106, Metro B: Piramide oder Garbatella, Tram 3 (früher 30!), Bus 702, 716*

Centrale Montemartini

Crypta Balbi **[117 E4]**
Ein vorchristliches Mithräum – der Mithras-Kult war bei Legionären verbreitet – und die Reste des Teatro di Balbo aus der römischen Kaiserzeit (13 n. Chr.) wurden im Gewölbe eines mittelalterlichen Stadthauses freigelegt. *Di–So 9–19 Uhr, Eintritt 4 Euro, Via delle Botteghe Oscure 31, Bus 40, 46, 62, 64, 70, Tram 8*

Gabinetto Nazionale Disegni e Stampe della Villa Farnesina (Kupferstichkabinett) **[116 B5]**
Als Raffael das Fresko »Amor und Psyche« malte, soll ihm die Geliebte des Hausherrn, des Bankiers Chigi, Modell gestanden haben. In der Villa Farnesina, die Agostino Chigi 1508 von Baldassare Peruzzi bauen ließ, hängen und lagern 200 000 Kupferstiche und Drucke. *Di–Sa 9–13 Uhr, Eintritt frei, Via della Lungara 230, Bus 23, 280*

Galleria Communale d'Arte Contemporanea / Ex-Birreria Peroni **[121 E2]**
Unter dem Ausstellungsmotto »Lavori in corso« (deutsch: Bauarbeiten) haben in der umgestalteten Brauerei Peroni (um 1900) ca. 125 römische Künstler eine vorläufige Bleibe gefunden. Kino, Bibliothek und Archiv sollen folgen. *Di–Sa 10–18.30, So 9.30–13.30 Uhr, Eintritt 4 Euro, Via Cagliari 2 und Via Reggio Emilia 55 (Porta Pia), Bus 60, 62*

MARCO POLO Highlights »Museen«

★ **Centrale Montemartini (E-Werk)**
Antike Skulpturen vor Industriedenkmälern (Seite 46)

★ **Galleria Borghese**
Berninis sinnliche Skulpturen im frisch gelifteten Lustschloss (Seite 47)

★ **Galleria Spada**
Borrominis perspektivische Spielerei im Hof täuscht jedes Auge (Seite 48)

★ **Musei Capitolini**
Venus, Wölfin und Kaiser Mark Aurel, der echte, hinter Glas (Seite 49)

★ **Museo Nazionale Etrusco di Villa Giulia**
Etruskische Kleinode in der päpstlichen Sommerresidenz (Seite 50)

★ **Palazzo Altemps**
Aphrodite und Apoll im Renaissancepalast (Seite 50)

★ **Palazzo Massimo**
Römische Mosaiken und der türkise Luxussaal Kaiserin Livias (Seite 50)

★ **Vatikanische Museen**
Die Sixtina, Raffael und die Laokoon-Gruppe locken noch immer (Seite 50–53)

Galleria Communale d'Arte Moderna **[120 B3]**
Die italienische Avantgarde residiert im ehemaligen Kloster nahe der Spanischen Treppe. *Di–Sa 9–19, So 9–12.30 Uhr, Eintritt 5 Euro, Via Francesco Crispi 24, Metro A: Spagna*

Galleria Doria Pamphili **[117 F3]**
Die Rokokofassade des Palazzo Doria Pamphili an der Via del Corso wirkt düster und abgasgeschwärzt. Doch die goldverzierte, mit Fresken ausgemalte Galerie, wo an seidentapezierten Wänden die Tizian- und Tintoretto-Gemälde gleich dreifach übereinander hängen, lohnt sich! Pünktlich um 11 Uhr können Sie dann die Privatgemächer der Fürstin Doria Pamphili besichtigen. *Fr–Mi 10–17 Uhr, Eintritt 6 Euro, Privatgemächer 2,50 Euro, Piazza del Collegio Romano 2 (Corso), Bus 60, 63, 117, 119*

Galleria Borghese **[120 C2]**
★ Wunder gibt es, aber die dauern in Rom etwas länger: Nach siebzehnjähriger (!) Restaurierung wurde das barocke Lustschlösschen des Kardinals Scipione Borghese, der nicht nur ein Förderer des jungen Gianlorenzo Bernini, sondern einer der größten Kunstmäzene der Welt war, wieder eröffnet. Im Erdgeschoss sehen Sie Berninis Skulpturen »Daphne und Apoll«, »David«, der »Raub der Prosepina« und die strahlende Nacktheit der »Paolina Borghese«, Schwägerin Napoleons, von Antonio Canova. Im ersten

Galleria Nazionale d'Arte Moderna

Stock hängt die berühmte Gemäldesammlung des Kardinals, darunter Werke von Tizian, Veronese, Raffael, Rubens, Cranach und Caravaggio. *Di–So 9–20 Uhr, nur mit tel. Vorbestellung (ital. und engl.) 06 32 81 01, Fax 06 32 65 13 29, Eintritt 6 Euro plus 1 Euro Buchungsgebühr, Piazza Scipione Borghese 5, Bus 52, 53, 116*

Galleria Nazionale d'Arte Antica a Palazzo Barberini **[120 C4]**
So manch ein Tizian oder Tintoretto muss im Keller bleiben, weil in den barocken Sälen die Herren Offiziere tafeln. Das italienische Heer hat nämlich einen Großteil des Palazzo Barberini als Offizierskasino besetzt. In der Museumshälfte können Sie jedoch Meisterwerke wie die »Fornarina« von Raffael, »Narziss an der Quelle« von Caravaggio oder »Heinrich VIII.« von Hans Holbein sehen. Für die Besichtigung der Säle des 18. Jhs. bitte vorbuchen: *Tel. 064 82 41 84, www.ticketeria.it. Di–Sa 9–14, So 9–13 Uhr, Eintritt 6 Euro, Via Quattro Barberini 18, Bus 60, 63, 116*

Galleria Nazionale d'Arte Antica a Palazzo Corsini **[116 B5]**
In zwölf Sälen lichtvolle Caravaggios, Rom-Veduten, Meisterwerke der Niederländer und Genueser sowie Werke aus der venezianischen und florentinischen Schule. *Di–Sa 9–19, So 9–13 Uhr, Eintritt 4 Euro, Via della Lungara 10, Bus 280*

Galleria Nazionale d'Arte Moderna **[120 B1]**
Kunst des 19. und 20. Jhs.: de Chirico, Klimt, van Gogh, Moore. Ein kleiner Überblick der Moderne. Reichhaltiger, witziger Museumsshop, Libreria Gnam. *Di–So 9–20 Uhr, Eintritt 6 Euro, Viale delle Belle Arti 131, Tram 3 (früher 30/)*

Galleria Spada **[116 C4]**
★ Der Palast von 1540 ist selbst ein Meisterwerk des italienischen Manierismus. Aber lassen Sie sich zusätzlich von der perspektivischen Spielerei im Innenhof verwirren, die Borromini für den Hausherrn, Kardinal Bernardino Spada, entworfen hat. Die Mars-Statue erscheint groß und unendlich weit entfernt, dabei ist der Durchgang nur 9 m lang und die Statue 1 m hoch. Eine optische Täuschung – die Kolonaden verkleinern sich nach hinten. Insider Tipp

Im Obergeschoss des Palastes gibt es eine Gemäldegalerie mit Werken von Annibale Carracci, Tizian, Guido Reni, Domenichino und Caravaggio. *Di–Sa 9–19, im Winter bis 14 Uhr, So 9–13 Uhr, Eintritt 5 Euro, Piazza Capo di Ferro 3, Bus 62, 64*

Museo delle Anime del Purgatorio (Museum der Seelen im Fegefeuer) [119 E4]

Haben Sie Lust auf Kurioses? Wer zur Hölle fährt, darf nie zurück, heißt es. Doch manchem erschien schon die Schwiegermutter oder der Erbonkel. Beweise? Die schwelenden Seelen hinterließen Brandmale auf Betttüchern und Kissen. Und die hängen hier heute noch. *Tgl. 8–12.30 und 17–18.30 Uhr, Chiesa Sacro Cuore del Suffragio, Lungotevere Prati 12, Bus 70, 492*

Musei Capitolini (Kapitolinische Museen) [117 F5]

★ Sie sind das erste öffentliche Museum der Welt und dazu noch von päpstlicher Hand, 1471 von Papst Sixtus IV. auf dem Kapitol eingerichtet. Die Antikensammlung erstreckt sich über den Palazzo Nuovo und den Palazzo dei Conservatori, beide nach Plänen von Michelangelo gestaltet, bis zum Braccio Nuovo und der Pinakothek. Versäumen Sie nicht einen Besuch der Cafeteria auf dem Dachgarten (auch für Nicht-Museumsbesucher) (Insider Tipp): der Blick ist einmalig! *Di–Fr 9.30–19, Sa 9.30–23, So 9.30–19 Uhr, Eintritt 6 Euro, Besucher unter 18 und über 60 Jahre sowie letzter So im Monat Eintritt frei, 1,5 stdl. Führung (ital. und engl.) 3 Euro, Piazza del Campidoglio, Bus 63, 95, 119, 160*

Museo della Civiltà Romana [O]

Das einzige Museum, das kein Original, aber viele erstklassige Kopien besitzt, darunter ein 400 m^2 großes Rom-Modell aus konstantinischer Zeit. *Di–Sa 9–19, So 9–13 Uhr, Eintritt 4 Euro, Piazza Giovanni Agnelli (EUR), Metro B: EUR Marconi, Bus 791*

Stilvoll untergebracht: antike Statuen in den Musei Capitolini

Museo Nazionale Etrusco di Villa Giulia **[120 A1]**
★ Die Sommerfrische, die sich Papst Julius III. (1550–55) bauen ließ, beherbergt seit 1889 das Etruskische Museum mit Funden aus den etruskischen Nekropolen in Latium, Umbrien und vor allem der Toskana: Gläser, Schmuck, Grabbeigaben und Sarkophage. Im Garten die Rekonstruktion eines Tempels aus Alatri. *Di–Sa 9–19, So 9–13 Uhr, Eintritt 4 Euro, Piazzale di Villa Giulia 9, Tram 3 (früher 30/)*

Museo dei Padri Cappuccini **[120 C4]**
An der Via Veneto können Sie einen makabren, aber sehr ökonomischen Totenkult betrachten. Schädel auf Schädel, Knöchlein auf Knöchlein, so haben die Kapuziner etwa viertausend Ordensbrüder in früheren Jahrhunderten bestattet. Zu besichtigen in den Grabkammern unter S. Maria della Concezione. *Via Veneto 27, Bus 58, 63, 95, 116*

Palazzo Altemps **[119 E5]**
★ Aphrodite schaumgeboren, Apoll Citaredo, Hermes Loghios und Ares, die göttlichen Skulpturen der Ludovisi-Sammlung haben im prunkvoll restaurierten Palazzo Altemps, gleich hinter der Piazza Navona, Einzug gehalten. *Di–Sa 9–22, im Winter bis 18 Uhr, So 9–20 Uhr, Eintritt 6 Euro, Piazza S. Appollinare 46 (Navona), Bus 70, 81, 116, 492*

Palazzo delle Esposizioni **[120 C5]**
Seit 1990 dient der strahlend weiße Gründerzeitpalast als Kunsthalle, wo Sie internationale Ausstellungen von Odysseus bis Edward Hopper sehen können. *Mi–Mo 10–22 Uhr, Eintritt 6 Euro, Via Nazionale 194, Bus 64, 70, Metro A: Repubblica*

Palazzo Massimo alle Terme **[121 D5]**
★ Die antiken Skulpturen im Erdgeschoss zeigen dem Besucher vortrefflich den römischen Alltag. Dagegen präsentiert kontrastreich der märchenhafte türkisfarbene Speisesaal Kaiserin Livias und die zarten Mosaike der Gemächer den Stil der antiken Upper Class. *Di–Sa 9–22, im Winter bis 19 Uhr, So 9–20 Uhr, Eintritt 6 Euro, Largo di Villa Paretti 1, Metro A, B: Termini*

Insider Tipp

Palazzo Ruspoli **[120 A4]**
Im Renaissancepalast werden Antikenausstellungen gezeigt. *So–Fr 10 bis 20, Sa 10–22 Uhr, 6 Euro, Via del Corso 418, Metro A: Spagna*

Scuderie Papali (Päpstliche Stallungen) **[120 B6]**
Insider Tipp
Wo früher die Rösser der Päpste schnaubten, können Sie nun aparte Ausstellungen wie die vielfach preisgekrönten Bildreportagen des Fotografen Sebastião Salgado oder Neomodernisten bewundern. *Tel. 06 69 62 70, Via XXIV Maggio 16, Bus 116, 117, 60, 64 , 70, 71*

VATIKANISCHE MUSEEN

[118 B4–5] ★ Sie sind die größten Museen der Welt, beherbergen Kunstwerke in über 1400 Räumen. Hier gibt es alles von ägyptischen Mumien bis zu den edelsten griechischen Plastiken, römische Mosaike, Sarkophage, Manuskripte, Inkunabeln, unzählige Gemälde, das berühmteste aller Geheimarchive, ethnologische Raritäten der Missionare, die Reisewagen inklusive

Die MARCO POLO Bitte

Marco Polo war der erste Weltreisende. Er reiste in friedlicher Absicht, verband Ost und West. Er wollte die Welt entdecken, fremde Kulturen kennen lernen, nicht zerstören. Könnte er heute für uns Reisende nicht Vorbild sein? Aufgeschlossen und friedlich sollte unsere Haltung auf Reisen sein. Dazu gehören auch Respekt vor Mensch und Tier und die Bewahrung der Umwelt.

Mercedes 600 der Päpste und natürlich die Stanzen von Raffael und die Sixtinische Kapelle.

Der einzigartige Kunstparcours durch die 14 Museen mit 50 000 Objekten ist 7 km lang. Um diesen kulturellen Marathon auch zu genießen, gibt es nur zwei Möglichkeiten: Sie kommen an mehreren Tagen oder Sie wählen einen der farbig markierten Rundgänge, die alle zum Schluss zu Raffaels Stanzen und durch die Sixtinische Kapelle führen: A violett 1,5 Stunden; B beige 3 Stunden; C grün 3,5 Stunden, D gelb 5 Stunden. Alle Wege sind Einbahnstraßen, um die zwei Millionen Besucher im Jahr ohne größere Staus hindurchzuschleusen. Eingang: Viale Vaticano, 10 Min. zu Fuß vom Petersplatz. *Okt.–Juni: Mo–Sa 8.45–12.45 Uhr (Einlass), Juli–Sept. und Osterwoche: Mo–Fr 8.45–16.45, Sa 9 bis 13.45 Uhr, Eintritt 9 Euro, letzter So im Monat (9–13.45 Uhr) gratis.*

Sie können auch per Internet einen Gang durch die Vatikanischen Museen machen: *www.christusrex.org\www1\vaticano\0musei.html*

Biblioteca Apostolica

Antiker Lesesaal mit 60 000 Handschriften und 7000 Inkunabeln und 800 000 Drucken.

Appartamento Borgia

Pinturicchio malte die Gemächer des Borgia-Papstes Alexander VI. (1492–95) aus. Hier soll Cesare Borgia, Sohn des Papstes, seinen Schwager ermordet haben.

Cappella Sistina (Sixtinische Kapelle) [118 B5]

★ »Es ist wie die erste Reise zum Mond«, hatte der Chefrestaurator der Sixtinischen Kapelle, Fabrizio Mancinelli, prophezeit, »danach wird die Kunstwelt verändert sein«. Tatsächlich kam bei der Restaurierung des künstlerischen Heiligtums in den 1990-er Jahren ein ganz neuer Michelangelo zum Vorschein. Nachdem Schichten von Kerzenruß und Staub entfernt waren, erstrahlten alle Figuren der Schöpfungsgeschichte an der Decke der päpstlichen Hauskapelle in lindgrünen, bonbonrosa oder hellila Gewändern. Der größte Renaissancemaler – auch *Il Divino,* der »Göttliche« genannt – entpuppte sich als Manierist in Pop-Art-Farben! Die Kunstwelt stand Kopf.

Von 1508–12 hatte Michelangelo Buonarroti (1475–1564) die Decke mit ihrer Länge von 41 m ganz alleine in Freskotechnik ausgeführt, nicht liegend, wie die Legende besagt, sondern kopfüber, mit einem Kerzenlicht am Hut. Fast 30 Jahre später, als nunmehr 60-Jähriger, beauftragte ihn Papst Paul III. noch mit dem »Jüngsten Gericht« an der Stirnseite der Kapelle. Doch dessen Enthüllung Weihnachten 1541 war ein Skandal: Zum Vorschein kam ein nackter Christus, der mit einer machtvollen Geste einen Wirbel von ebenfalls nackten Heiligen, Auserwählten, Auferstandenen und Verdammten um sich zieht, ein grandioser Schlussakt Michelangelos. Aber die Gegenreformation stand vor der Tür – ein Glück für uns, dass die frommen Reformatoren von damals das Werk nicht gleich wieder zerstörten. Allerdings musste Michelangelos Schüler Daniele de Volterra den Nackten einige Tücher um die edlen, aber anstößigen Teile malen.

Bei der Restaurierung des »Jüngsten Gerichts« 453 Jahre später gab es keinen Skandal, nur Applaus. Der Vatikan hatte sich nämlich bei der delikaten Frage der Lendentüchlein mit einem »Jein« aus der Affäre gezogen. Immerhin 17 der 40 auferzwungenen Lendenschurze durften die Restauratoren abwaschen. Eine späte Genugtuung für *Il Divino.*

Collezione d'Arte Religiosa Moderna

Papst Paul VI. sammelte moderne religiöse Werke: von Marc Chagall, Paul Gauguin, Maurice Utrillo, Paul Klee, Wassily Kandinsky, Otto Dix und de Chirico.

Museo Storico delle Carrozze (Kutschenmuseum)

Karossen und Oldtimer der Päpste *(nur Sa geöffnet).*

Museo Chiaramonti

Antonio Canova richtete Anfang des 19. Jhs. diesen Gang mit rund 1000 Skulpturen der Antike ein: Defilee vorbei an Statuen und Köpfen von Augustus, Cäsar, Titus, Tra-

Außerordentlichen Kunstgenuss garantieren die Vatikanischen Museen

Der Papst, Audienzen und Internet

Trotz päpstlicher Homepage – Audienzen sind begehrt

Jeden Mittwoch um 11 Uhr hält der greise Pontifex Maximus in der Nervi-Halle im Vatikan Generalaudienz, jeden Sonntag um 12 Uhr spricht er aus dem Vatikan-Fenster zu den Gläubigen, und selbst im Internet ist er unter *www.vatican.va* zu finden.

Karten für die Audienzen können Sie noch nicht virtuell, sondern nur altherkömmlich per Fax *(Fax 06 69 88 58 63)* oder per Post bei der *Prefettura della Casa Pontifica, 00120 Città del Vaticano* bestellen. Die Karten müssen spätestens am Vortag der Audienz im *Ufficio Informazioni Pellegrini (Tel. 06 69 88 44 66, Mo–Sa 8.30–13 und 14–18.30 Uhr, Piazza S. Pietro, linke Kolonnaden)* abgeholt werden. Auch beim *Pilgerbüro S. Maria dell'Anima (Via della Pace 24, Tel. 066 86 41 60)* können Sie Karten für Audienzen eine Woche vorher bestellen und dann ebenfalls am Vortag abholen.

jan, Demosthenes, Athene und der Skulptur des hingelagerten »Nil mit seinen 16 Kindern«.

Museo Gregoriano Egizio (Ägyptisches Museum)
Mumien und Statuen, die in Rom und der Villa Hadrian in Tivoli gefunden wurden.

Museo Missionario-Etnologico
Völkerkundliche Sammlung aus den überseeischen Missionsgebieten.

Museo Pio Clementino
Größte Antikensammlung der Welt mit erlesenen griechischen und römischen Originalen; Im Cortile del Belvedere (Belvedere-Hof) stehen der »Apoll von Belvedere« (4. Jh. v. Chr.) und die ★ »Laokoon-Gruppe« (2. Jh. v. Chr.). Schon von Michelangelo hoch gerühmt ist der »Torso von Belvedere« im Atrio del Torso. Ein weiteres Highlight stellt die römische Kopie der Venus von Praxiteles (4. Jh. v. Chr.) dar.

Pinacoteca
Gezeigt werden in chronologischer Abfolge Gemälde vom Mittelalter bis zum späten 19. Jh., 18 Säle mit Werken von Giotto, Fra Beato Angelico, Filippo Lippi, Raffael, Leonardo da Vinci, Tizian, Veronese und Caravaggio.

Stanze e Logge di Raffaello (Stanzen und Loggien Raffaels) Insider Tipp
★ Die vier für Papst Julius II. von Raffael ausgemalten Säle, in denen sich auch das Fresko der »Schule von Athen« oder der »Borgo-Brand« befindet, sind ein Höhepunkt der Renaissancemalerei. Die 12 Arkaden der Loggien malte Raffael mit Szenen aus dem Alten Testament aus, nur ein einziges Fresko entstammt dem Neuen Testament.

Nicht ohne meine Pastasciutta!

Ob im Ristorante, in der Trattoria oder bei Mamma – die Nachfahren Lucullus sind beim Essen wahre Genießer

Für die modernen Römer liegt Kunst nicht unbedingt im Barock, in Marmorbüsten und antiken Trümmern, sondern in den alltäglichen Lebensgenüssen. Was schert sie der wegen Restaurierung trocken gelegte Bernini-Brunnen, solange nur der Cappuccino in ihrer kleinen Bar an der Piazza schäumt. Was kümmern sie Regierungskrisen, Streik oder der höllische Verkehr, solange nur die Mamma die Spaghetti *al dente,* also nicht zu hart und nicht zu weich, kocht. Essen, zu Hause oder im Ristorante, ist nun mal der Italiener Leidenschaft. Und essen heißt immer auch *pasta, pasta, pastasciutta.*

Es gibt bei den Nachfahren des Lucius Lucullus, der natürlich Römer war, keinen nudelfreien Tag. Hat nicht schon Marcus Gaius Apicius, ältester Kochbuchautor der Welt, kurz nach Christus 100 verschiedene Spaghettisaucen aufgezählt? Pastaläden bieten oft mehr Auswahl und Vielfalt als Spielzeuggeschäfte, das Angebot reicht von *agnolotti* (fleischgefüllte Teigtaschen)

Römische Antipasti: ein Genuss für Augen und Gaumen

Caffè oder Cappuccino gefällig?

bis zu *strozzapreti* (»Priesterwürger«, halbmondförmige Nudeln).

Im Essen sind die Italiener wahre Genießer, auch wenn sie heute das Gastmahl nicht mehr wie bei Trimalchio im Liegen einnehmen. Das Frühstück ist zwar eher dürftig, aber zwei warme Mahlzeiten, mittags und abends, sind Pflicht. In Rom wird zwischen 13 und 15.30 Uhr zu Mittag gegessen, abends öffnen die Restaurants gegen 19.30 Uhr, dann gibt es noch Platz. Möchten Sie später essen, reservieren Sie vorher lieber telefonisch einen Tisch. Bis vor kurzem hielten die Römer streng an mehreren Gängen fest. In der Vorstadt wird der Wirt auch heute noch ärgerlich, wenn Sie nur einen *primo piatto,* etwa einen Teller Pasta, bestellen und den *secondo piatto,*

Essen in nettem Ambiente gehört bei den Römern zum Lebensstil

den Hauptgang aus Fisch, Fleisch oder Huhn, verschmähen. Im historischen Zentrum haben die Touristen die Sitten gelockert, so dass Sie nach einem üppigen *primo* mit einem Salat gut davonkommen. Die meisten Römer kürzen heute auch beim *dolce,* der Süßspeise, ab und belassen es bei einem schwarzen *caffè* (deutscher Filterkaffee ist rar und heißt hier *caffè americano*).

Beim Trinken lieben's die Italiener traditionell. Zu Tisch nehmen sie meist einen leichten, offenen Wein *(vino sfuso, vino di casa),* der gut und billig ist. Und trocken, das versteht sich von selbst. Ein DOC- oder DOCG-Zeichen auf den Markenweinen garantiert Region und Lage. Gern werden Weißweine aus den nahen Castelli Romani – am bekanntesten ist der Frascati – getrunken, beliebt sind auch der frische Orvieto, Vernaccia aus S. Gimignano und der trockene Verdicchio.

Zum Schluss wird bezahlt – für Italiener ein Ritual. Erst bringt der Kellner die Rechnung auf einem Tablett – 15 Prozent Service meist inbegriffen. Dann bringt er das Wechselgeld zurück, und wenn Sie zufrieden waren, lassen Sie bis zu fünf Prozent auf dem Zahlteller liegen. Verlangen Sie dabei stets die echte Rechnung *(ricevuta fiscale)* da die Finanzpolizei manchmal Kontrollen durchführt.

CAFÉS & EISDIELEN

Antico Caffè Greco **[120 B4]**
Wo Goethe mit seinem Freund Tischbein philosophierte, Schopenhauer hinausgeworfen wurde und Gogol seine »Toten Seelen« schrieb, wo Keats todkrank und Nietzsche angewidert war, können Sie noch heute sitzen, Kaffee trinken und beim Blick auf die Rechnung elegisch wie Ihre berühmten Vorgän-

ger werden. *Mo–Sa 8–21 Uhr, Via Condotti 86, Metro A: Spagna*

Caffè della Pace **[116 C2]**
Jugendstilcafé in einem der schönsten alten Winkel Roms bei S. Maria della Pace. Draußen vor dem efeubewachsenen Haus drängen sich die Ragazzi, die alle noch rein wollen. *Tgl. 8–2 Uhr, Via della Pace 3, Bus 62, 64*

Doney Gran Caffè **[120 C3]**
Hier spüren die Gäste noch ein bisschen vom diskreten Charme der 1950-er Jahre. Am späten Nachmittag, wenn die mit Gold und Klunkern behängten alten Damen zum Kaffee mit Amaretto kommen, spielt der weißhaarige Stehgeiger oder ein braves Kammerquartett auch schon mal ein Ständchen. *Di–So 8–23 Uhr, Via Veneto 145, Bus 56, 116, 490*

Gelateria Giolitti **[117 E2]**
Yuppies fahren auf Champagnereis ab, Klassiker wählen zwischen fünf Sorten Getrüffeltem, Trendsetter schlürfen die neuen Fruchtsorbets, und das Schoko-Eis *baccio* mögen alle. Insider Tipp In Roms berühmtestem Eistreff im glanzvollen Stil der Jahrhundertwende saß gelegentlich der Schriftsteller Alberto Moravia. Auch Silvio Berlusconi oder Exregierungschef Massimo d'Alema sieht man hier. *Di–So 7–2 Uhr, Via Uffici del Vicario 40, Tel. 066 99 12 43, Bus 62, 63*

San Crispino **[120 B5]**
Hier schmeckt *limone* nach Zitrone und *amareno* nach Mandellikör-

Marco Polo Highlights »Essen & Trinken«

★ **Costanza**
Essen, wo Cäsar ermordet wurde (Seite 59)

★ **Gino da Trastevere**
Fisch essen und Leute angucken (Seite 59)

★ **Santa Lucia**
Schlemmen hinter der Piazza Navona (Seite 59)

★ **La Veranda**
Junge römische Küche im barocken Innenhof (Seite 59)

★ **Da Giggetto al Portico d'Ottavia**
Hebräische Küche im alten Getto (Seite 61)

★ **Gusto**
Der erste New Yorker Deli in Rom (Seite 61)

★ **Margutta RistorArte**
Wo schon Fellini Nudeln mit Gemüse aß (Seite 61)

★ **Piccola Roma**
Antipasti nicht nur für Parlamentsabgeordnete (Seite 61)

★ **Taverna degli Amici**
Auf der Piazza Margana im Getto tafeln (Seite 62)

★ **Al Vecchio Mattatoio**
Fröhliche Trattoria beim alten Schlachthof (Seite 62)

Die Gourmettempel von Rom

Agata e Romeo **[121 E6]**
Kreative Küche, elegantes Ambiente, spezialisiert auf Meeresfrüchte. Probieren Sie die crudità di pesce misto, eine Art Meeres-Carpaccio. Viergängiges Probiermenü 43 Euro pro Person, bei sieben Gängen 75 Euro. *So geschl., Via Carlo Alberto 45 (S. Maria Maggiore), Tel. 064 46 61 15, Metro A: Vittorio, Bus 71*

Andrea **[120 C3]**
Elegantes Lokal bei der Via Veneto, bekannt für sein reiches Antipasto, Kaviarschnittchen, Trüffelpasteten und kleine Mozzarelle aus Büffelmilch. Ein Fest fürs Auge und für den Gaumen. Ab 50 Euro. *Sa mittags und So geschl., Via Sardegna 26, Tel. 064 74 05 57, Bus 58, 63*

Il Convivio **[116 C1]**
Chef Angelo amüsiert sich jeden Abend, kleine Varianten seiner ausgesuchten Gerichte zu schmoren. Im kleinen, gemütlichen Lokal unweit der Piazza Navona serviert Bruder Massimo charmant Fisch mit Pinienkernen, Rosinen und Rosmarin oder Parmesankäse-Fondue. Unbedingt vorbestellen! Ab 60 Euro, *Mo mittags und So geschl., Via dei Soldati, Tel. 066 86 94 32, Bus 70, 81*

La Pergola **[118 A1]**
Ein Bayer als römischer Nudelkönig? 1997 wurde Heinz Beck für seine Gaumenfreuden zum Spitzenkoch von Rom gekürt. Spezialität: Langusten-Ravioli. Ein Essen auf der Dachterrasse des Hilton-Hotels kostet 100 Euro, Blick auf Rom und viele Prominente inbegriffen. *So und Mo geschl., Via Cadlolo 101, Hotel Hilton, Tel. 063 50 91, Bus 907, 913*

Le Relais du Jardin **[120 C3]**
Das Nonplusultra römischer und französischer Küche im Hotel Lord Byron: Wachteln in Feigensauce, Risotto mit Spargelspitzen, Rigatoni mit Kalbs- und Entenragout. Das Ganze ein lukullisches Erlebnis. Ab 60 Euro. *So geschl., Via Giuseppe de Notaris 5, Tel. 063 22 45 41, Bus 490, Tram 3 (früher 30!)*

creme, Eis wirklich nach Eis, Gefrorenes gibt es ohne künstliches Aroma. Zum Dahinschmelzen. *Mi–Mo 9–23 Uhr, Via della Panetteria 42, Bus 117*

Tazza d'Oro **[117 E2]**
Der Cappuccino gilt als der beste Roms; Kaffeebohnen zum Mitnehmen werden frisch vakuumverpackt. Schönes Mitbringsel. *Tgl. 7–20 Uhr, Via degli Orfani 84, Bus 75, 116*

Traste **[117 E2]**
Im »Traste«, volkstümliche Abkürzung von Trastevere, gibt es – selten genug in Rom – ausgezeichneten Tee, auch Kaffee und Cappuccino und eine Tageszeitung auf den Tisch. *Tgl. 9–21 Uhr, Via della Lungaretta 76, Tram 8, Bus 630*

Tre Scalini **[116 D2]**
Ein Cappuccino und dazu ein *tartufo*, das unwiderstehliche Schokoladentrüffeleis, auf der Terrasse über der Piazza Navona gehören zu den Höhepunkten eines Rombummels – auch preislich. *Do–Di 9–22 Uhr, Piazza Navona 28, Bus 70, 81*

RESTAURANTS €€€

Costanza **[116 D4]**
★ Im Winter sitzt man vor dem Kamin, im Sommer im kleinen Innenhof, in den Gemäuern des antiken Pompejus-Theaters, wo Cäsar ermordert wurde. Toskanische Wildpastete, Spaghetti mit Langustensauce oder außergewöhnlich feine toskanische Steaks. *So geschl., Piazza del Paradiso 65, Tel. 066 86 17 17, Bus 63, 64*

Gino da Trastevere **[116 C6]**
★ Wenn Sie hier auf der Terrasse sitzen und Barbe oder Seewolf speisen, werden Sie um den schönen Platz beneidet, nicht aber um die hohe Rechnung. *Mi geschl., Via della Lungaretta 85, Tel. 065 80 34 03, Bus 44, 60*

Al Moro **[117 F2]**
Elegantes Traditionslokal beim Trevi-Brunnen, in dem Politiker verkehren. *Spaghetti agli scampi*, Lamm und Zicklein sind die Spezialitäten. *So geschl., Vicolo delle Bollette 13, Tel. 066 78 34 95, Bus 60, 117*

Santa Lucia **[116 C2]**
★ Kein Wunder, dass so gegensätzliche Diven wie Sophia Loren und Madonna einmal den gleichen Einfall hatten und hier tafelten. Hier sitzen Sie lauschig unter Bäumen direkt hinter der Piazza Navona. Bartolo und Barbara verwöhnen Sie mit Fisch aller Art, z.B. *sciallatielli* (handgemachte Pasta) mit Garnelen. Reservieren! *Im Winter Di geschl., Tel. 06 68 80 24 27, Largo Febo 6, Bus 70, 492*

La Veranda **[118 C5]**
★ Im lauschigen Innenhof eines Barockpalastes nahe des Vatikan. Genießen Sie eine junge römische Küche, z. B. *orecchiette* (»Ohren«-Nudeln) mit Scampi und herbem Zichoriensalat, Kaninchen auf Jägerart, Tomatenpastete. *Tgl., Via Borgo di Santo Spirito 73, Tel. 066 87 29 73, Bus 64*

RESTAURANTS €€

Antica Hostaria L'Archeologia **[0]** Insider Tipp
Wenn Sie nach dem Besuch der kühlen Katakomben oder dem staubig-heißen Spaziergang an der Via Appia Antica ein lauschiges Gartenlokal suchen, kehren Sie hier ein! Rosen blühen und Brünnlein plätschern. Und die Pastagerichte mit Fisch und Muscheln, z. B. *pasta luculliana*, sind wirklich lukullisch. *Do geschl., Via Appia Antica 139, Tel. 067 88 04 96, Bus 280*

Ar Galletto **[116 C4]** Insider Tipp
Mittags kommen Angestellte der französischen Botschaft (verstehen was vom Essen) vom Palazzo Farnese herüber, abends ist hier der Teufel los: *galletto al diavolo* (Teufelshahn), gut auch Zucchini in Safranreis. *So geschl., Piazza Farnese 102, Tel. 066 86 17 14, Bus 64, 116*

Caffè degli Specchi **[116 D5]**
Das »Spiegel-Café« ist Weinstube, Taverne, Restaurant und Nachtcafé

Römische Spezialitäten

Lassen Sie sich diese Köstlichkeiten gut schmecken!

abbacchio alla scottadito – gebackenes Lamm mit Rosmarin-Ofen-Kartoffeln

baccala – Stockfisch, oft mit Erbsen serviert

bollito misto – Suppenfleisch, meist mit grüner Sauce

bucatini all'amatriciana – kleine Röhrennudeln mit Speck, Tomatensugo und Pecorino

carciofi alla giudea/romana – in Öl gebackene Artischocken

carpaccio di manzo – hauchdünne rohe Filetscheiben mit Rughetta und Parmesan

carpaccio di pesce – hauchdünne, rohe Schwert- oder Thunfischscheiben

ciammotta – frittierte Auberginen, Paprika und Kartoffeln

coniglio alla cacciatora – Kaninchen im Ofen

fave e pecorino – Saubohnen mit Pecorino

finanziera – Ragout aus Hühnerklein, Bries und Pilze

garofolato – geschmorter Rinderbraten

gnocchi salvia e burro – kleine Kartoffelnudeln mit Salbei und Butter (donnerstags frisch)

insalata di puntarelle – bitterer Blattsalat mit Knoblauch und Sardellen

orecchiette – öhrchenförmige Nudeln, häufig mit Brocoli und Scampi

ortiche – junge Brennnesseln als cremige Pastasauce

pagliata- Kalbseingeweide mit Penne

pasta e fagioli – Penne oder frische Pasta mit Bohnensuppe

panzanella – eingeweichtes Weißbrot, mit Tomaten, Öl und gehacktem Basilikum als Salat

panzarottini – kleine Teigtaschen mit Käse und Ei überbacken

pesce spada – Schwertfisch mit Zitrone und Öl, meist gegrillt

pollo al diavolo – scharf gewürztes Hähnchen

porchetta – würziges Spanferkel mit Brötchen, meist kalt vom Imbisswagen

saltimbocca – Kalbsschnitzel, mit Salbei und Parmaschinken

scamorza con prosciutto – geräucherter Käse mit Schinken

trippa alla romana – Kutteln, meist mit Gemüsebeilage

in einem, was in Rom selten ist. Außerdem liegt es hübsch am Rand des alten jüdischen Gettos. Das Lokal ist ab 20 Uhr bis spät in die Nacht, solange der Wirt Lust hat, geöffnet, aber Autos dürfen nur bis 22 Uhr vorfahren. *So geschl., Via degli Specchi 5 (Largo Torre Argentina), Tel. 066 83 21 21, Bus 60*

La Campana **[116 D1]**
Stammgäste kommen seit einem halben Jahrhundert, um sonntags die gute Lasagne, alltags *saltimbocca* (Kalbfleisch mit Schinken und Salbei), *involtini* (Rouladen) oder herb-bittere *insalata di puntarelle* zu genießen. *Mo geschl., Vicolo della Campana, Tel. 066 86 78 20, Bus 70, 81*

La Cannonica **[116 B6]**
Das ehemalige Pfarrhaus in einem der schönsten Winkel Trasteveres bietet recht irdische Genüsse: *vongole veraci* (Venusmuscheln), *spigola* (Barsch) und ein reiches Antipasto-Buffet. Wenn nur die Kellner etwas netter wären! *Mo geschl., Via della Paglia 6a, Tel. 065 80 38 45, Bus 56, 60, 62*

Da Giggetto al Portico d'Ottavia **[119 G5]**
★ Früher gab es viele ausgezeichnete koschere Lokale im alten Getto. Heute sind sie eine Seltenheit. Man bekommt frittierte Artischocken und *abbacchio* (Lamm). *Mo geschl., Via Portico d'Ottavia 1, Tel. 066 86 11 05, Bus 56, 780*

Gusto **[119 F4]**
★ Der erste New Yorker »Deli« in Rom: Pizzeria, informelles Ristorante, Weinstube, Bücher und teure Kochutensilien, alles in einem schicken Schnelllokal. *Tgl., Via Augusto Imperatore 9, Tel. 063 22 62 73, Bus 119*

Margutta RistorArte **[120 A3]**
★ Freundliches Ambiente mit hervorragender mediterraner Vegetarierküche. Die Nudeln werden hier nur mit Kräutern und Gemüse zubereitet. Hier aß Fellini gern vom sonntäglichen Salat- und Gemüsebuffet. Manchmal sind kleinere Ausstellung zu sehen. *Tgl., Via Margutta 118, Tel. 06 32 65 05 77, Metro A: Spagna*

Insider Tipp

Monserrato **[116 C4]**
Zwischen den drei Kirchen der winzigen Piazza S. Caterina della Rota, einen Katzensprung von der Piazza Farnese entfernt, liegt die Trattoria, in der es u. a. Zucchiniblüten in Teig und Tagliolini mit Steinpilzen gibt. *Mo geschl., Via Monserrato 96, Tel. 06 68 80 40 95, Bus 64*

Da Paris **[116 C6]**
Typisch römische Küche auf einem der Traditionsplätze Trasteveres: Gnocchi mit Fischragout, Lamm (*abbacchio alla scottadita*), Nudeln mit Zucchiniblüten und Scampi, Artischocken. *So abends und Mo geschl., Piazza S. Callisto 8, Tel. 065 81 53 78, Bus 630, Tram 8*

Piccola Roma **[117 E2]**
★ Das kleine, aber feine Restaurant im 1. Stock eines alten Palastes hinterm Parlament erfreut sich nicht nur bei den italienischen Abgeordneten großer Beliebtheit. Riesige Auswahl an Muschelhäppchen, gebackenen Gemüsen und anderen Antipasti. *Tgl., Via Uffici del Vicario 36, Tel. 066 79 86 06, Bus 61, 62*

Pierluigi [116 B3]
Fischgerichte, Spaghetti in Langustensauce, Carpaccio und der Schokoladenkuchen sind im Viertel berühmt. Probieren Sie mal den perlenden trockenen Prosecco »Rustico« des Hauses. *Mo geschl., Piazza dei Ricci, Tel. 066 86 87 17 und 066 86 13 02, Bus 64, 116*

Pollarola [116 D4]
Auf dem alten römischen Geflügelmarkt (ital.: *pollo* = Huhn) gackern keine Federviecher mehr herum, aber die Pollarola mit reichem Antipasto, Muscheln und Geflügel ist geblieben. *So geschl., Piazza Pollarola 24, Tel. 06 68 80 16 54, Bus 64*

RESTAURANTS €

Insider Tipp **Antonia Bassetti** [116 C3]
Hier sitzen mittags die Handwerker und kleinen Angestellten im winzigen Speiseraum. Die Küche ist deftig und, was selten geworden ist, echt römisch; *pasta e fagioli* (Nudeln mit Bohnen), Linsensuppe, Lasagne und zum *secondo* ein Beefsteak oder Fisch. Es ist immer gesteckt voll, aber nur zum Mittagessen wird hier aufgetischt. *So geschl., Via del Governo Vecchio 18, Tel. 066 86 15 05, Bus 64*

Da Augusto [123 D2]
Eine der guten alten Trattorien Trasteveres. Sie sitzen auf der lauschigen Piazza Renzi, der Wirt deckt ein Papiertischtuch auf, und wenn Sie sein Genuschel nicht verstehen, nehmen Sie einfach das Tagesgericht, z. B. *coniglio* (Kaninchen) oder *pollo* (Huhn). *So geschl., Piazza de Renzi 15, Tel. 065 80 37 98, Tram 8*

Carlo in Trastevere [117 E6]
Eine Trattoria mit deftigen Innereien, beliebt bei jungen Leuten. *Mo geschl., Via Cardinal Merry del Val 16 (Viale Trastevere), Tel. 065 81 02 44, Tram 8*

Gino e Pietro [116 C3]
Ein Restaurant mit familiärem Charakter: Mamma Adriana kocht hervorragend, Papà Pietro sucht die besten Gemüse heraus. Viele Stammgäste, weil es immer gut ist. Auch Rudi Völler war schon hier. *Tgl. außer Do, Via del Governo Vecchio 106, Tel. 066 86 15 76, Bus 62, 64*

Taverna degli Amici [123 E1]
★ Die Trattoria, in der schon Goethe gespeist haben soll, liegt an einer stillen Piazza im alten Getto. Gute römische Hausmannskost wie *zuppa di luppoli,* Hopfensuppe, oder *spaghetti ai fior di zucca,* Nudeln mit Zucchiniblüten. *Mo geschl., Piazza Margana 36 (nahe Piazza Venezia), Tel. 06 69 92 06 37, Bus 64*

Ulderico a S. Clemente [124 C2]
Schräg gegenüber der ehrwürdigen Basilika S. Clemente liegt die kleine Hostaria, wo Mario seit 50 Jahren seine Stammgäste bekocht. Solide Hausmannskost wie *pasta e fagioli,* Nudeln mit Bohnen. *So geschl., Via S. Giovanni in Laterano 106, Tel. 06 70 45 09 35, Tram 3 (früher 30!), Bus 117, Metro B: Colosseo,*

Al Vecchio Mattatoio [123 E4]
★ Gegenüber dem früheren Schlachthof, hinter dem antiken Schutt- und Scherbenhügel Testaccio, liegt diese Kneipe. Der alte

Livio serviert Ihnen *rigatoni con pajata* (Nudeln mit Milchkalbsgedärm), Ochsenschwanz oder auch Nieren. *Di geschl., Piazza O. Giustiniani 2, Testaccio, Tel. 065 74 13 82, Bus 95*

TAVOLA CALDA (SCHNELLIMBISS)

Cose Fritte **[120 A4]**
Gebackenes, Gebrutzeltes und Pizzetta aus der Hand. *Via di Ripetta 3, Bus 628, 926*

Gran Caffè Dory **[116 C3]**
Tramezzini, kleine und größere Appetithappen und Tagesgerichte in hellem, großem Art-déco-Raum. *Corso Vittorio Emanuele 215/ Vicolo Savelli, Bus 64*

Insalata Ricca
Sieben der flotten Salatbars mit schmackhaften Tagesgerichten gibt es in Rom, z. B. *Piazza Pasquino* **[116 C3]** oder *Largo dei Chiavari 85* **[119 E6]**, *beide Bus 62, 64*

Bar Pasquino **[116 C3]**
Früh kommen, um 13 Uhr beginnt die Schlacht ums Stehbuffet – Sie können aber auch sitzen. *Piazza Pasquino 83, Bus 62, 64*

PIZZERIEN

Insider Tipp **Baffetto** **[116 B2]**
Jeden Abend lange Schlangen. Wie wär's mit Schokoladenpizza? *Nur abends, So geschl., Via del Governo Vecchio 114, Tel. 066 86 16 17, Bus 62, 64*

Il Boscaiolo **[120 B4]**
Große Auswahl, hauchdünner Teig. *Nur abends, Mo geschl., Via degli Artisti 37, Tel. 064 88 40 23, Metro A: Barberini*

Pizza gibt es für jeden Geschmack

Alle Carrette **[124 B1]**
Rustikale Bierstube und Pizzeria in den Gassen hinter dem Trajans-Forum versteckt. *Nur abends, aber bis 24 Uhr, Mo geschl., Via della Madonna dei Monti 95, Tel. 066 79 27 70, Metro B: Cavour*

La Montecarlo **[116 C3]**
Früher hämmerte hier der Schmied, heute brummt die Pizzeria, Tische draußen auf der hübschen Gasse Vicolo Savelli. *Tgl., Vicolo Savelli 11A, Tel. 066 86 18 77, Bus 62, 64*

Ultima Luna **[116 D2]**
Hier gibt es gute Pizza schon mittags. *So geschl., Piazza delle Cinque Lune, 78, Tel. 066 87 49 95, Bus 81, 95*

199000

Von Armani bis Zegna

Alta Moda in alten Palästen, Boutiquen für Ragazzi, Design und Kunsthandwerk

A wie *alta moda*, von Armani bis Zegna, von Biblos e Babile bis Valentino – jedes römische Kind kann das Alphabet der Modefürsten im Schlaf hersagen. Schließlich ist italienische Mode ein Hauptexport, den Sie in Düsseldorf, Berlin oder New York auch finden können, aber hier sind Sie an der Quelle: Die edle Piazza di Spagna mit Gucci, Prada, Versace, Dolce e Gabbana sieht aus wie ein aufgeblättertes Vogue-Magazin, die Nobelmeile Via Condotti, wo Edelschneider in den alten Palästen residieren, verführt zu stilvollem Kaufrausch. In der angrenzenden Via del Babuino mischt sich teure Herrenmode mit Antiquitätenshops, Lampen- und Möbeldesign. Verachten Sie aber auch die Querstraßen wie die Via Mario de' Fiori oder Bocca di Leone nicht, wo es viele kleine, feine und manchmal gar nicht so teure *moda uomo*, Herrenausstatter, gibt.

Die *ragazzi*, die nicht auf den Grufti-Schick der Etablierten stehen, haben die Via del Corso in ein eigenes römisches Soho für In- und Outdoor-Fit verwandelt: Lederjacken, Boots und schwarze Fummel zu erschwinglichen Preisen.

Die Öffnungszeiten – und damit die früher heilige Siesta – haben sich auch in Rom gelockert. Manche Geschäfte sind durchgehend von 9.30 oder 10 bis 20 Uhr, auch sonntags, geöffnet, andere halten, zumal im heißen Sommer, von 13 bis 16 oder 17 Uhr Siesta. Im Winter gilt die römische Faustregel: montags nie! Denn montags haben alle Geschäfte außer den Lebensmittelläden, bis ca. 16 Uhr geschlossen! Dafür sind sie samstagnachmittags offen.

Ob wild oder romantisch verspielt, Rom ist die Stadt der Mode

ANTIQUITÄTEN

Erlesenes in der Via del Babuino, Via dei Coronari und Via Giulia, Trödel und Originelles in der Via dei Pellegrini, Via dei Cappellari. In den Gassen um den Campo de'Fiori herum können Sie den Möbelschreinern, Restauratoren und Korbflechtern beim Arbeiten zuschauen.

Apolloni **[120 A3]**
Renommierte Galerie für Kenner. *Via del Babuino 132–134, Metro A: Spagna, Bus 117*

Antike Kunst zum Kaufen

Di Castro **[120 B4]**
Vier Läden von Amadeo, Adolfo und Nicola di Castro. *Via del Babuino 78, 80, 88, 92, Metro A: Spagna, Bus 117*

Gea Arte Antica **[116 D1]**
Große Auswahl an Öllampen und etruskischen Vasen. *Via dell'Orso 82, Bus 70, 81*

Stampe Antiche Trineia **[117 F1]**
★ Stiche und Gouachen vom 16. bis 19. Jh., *Via del Corso 509, Bus 60, 63, 117*

BUCHHANDLUNGEN

Antiquariato **[117 F2]**
In der Fußgängerunterführung zwischen Largo Chigi und Piazza Colonna ist in den letzten Jahren ein riesiger antiquarischer Büchermarkt entstanden. Beim Stöbern findet sich manche Rarität aus der Mussolini-Zeit, Stiche oder Partisanenfotos. *Passage unter der Via del Corso, Bus 63, 117, 492*

Feltrinelli
Linker Verlag mit drei modern geführten Buchhandlungen; ausgezeichnetes Sortiment internationaler Literatur. *Via del Babuino 39–40* **[120 B4]**, *Metro A: Spagna; Via E. Orlando 84* **[121 D4]**, *Metro A: Repubblica; Largo di Torre Argentina 5a,* **[117 E4]**, *Bus 62, 64 (auch So 10–13.30 und 16–19.30 Uhr geöffnet)*

Herder **[117 E2]**
★ Deutsche Institution in Rom, wo Sie von A bis Z wirklich alles finden: Literatur, Religion und den MARCO POLO Reiseführer. *Piazza Montecitorio 117, Bus 90, 116, 492*

MEL **[120 C5]**
Großes, übersichtliches Büchersortiment von Kunst bis Computer. *Tgl. 9–20 Uhr, Via Nazionale 254, Metro B: Piazza Repubblica, Bus 64*

DELIKATESSEN

Castroni **[118 C4]**
Hier bekommen Sie alles, was mal nichts mit Pasta zu tun hat, also Krabben aus China, Bohnen aus Brasilien, Ingwer, Tee, Reis, exotische Gewürze und deutschen Filterkaffee. *Via Cola di Rienzo 196, Metro A: Lepanto*

Enoteca Antica **[120 A4]** Insider Tipp
Distinguiertes Geschäft von 1905 mit den ältesten Champagnern, offenen Rot- und Weißweinen und seltenen Likören. *Via della Croce 76a, Metro A: Spagna*

Ercoli [120 A4]
Gaumenfreuden von der Büffelmozzarella bis zur Mortadella. *Via della Croce 32, Metro A: Spagna*

Ai Monasteri [116 D2]
Honig, Marmelade, Grappa, Sambuca degli Olivetani und Schokolade der Trappistenmönche, alles aus den Klöstern der Umgebung. *Piazza Cinque Lune (Corso Rinascimento), Bus 70, 81, 492*

Salsamenteria da Gino [117 E2]
Schafs- und Ziegenkäse, Oliven aus Latium, toskanische Spitzenweine, beste Essigsorten und Olivenöle. *Via della Maddalena 48, Bus 119*

Volpetti [119 E5]
★ Eine römische Institution der Esskultur. Hier gibt's Olivenöl vom Feinsten, Parmaschinken, alle italienischen Käsesorten und eine Theke, wo man mittags gut einen *spuntino,* einen kleinen Happen, essen kann. *Via della Scrofa 32, Bus 116*

GESCHENKE

Amati & Amati [116 D1]
Kultobjekte in Glas, Stahl, Gold, Leinen, Kaschmir, Leder. *Via dei Pianellari 21, Bus 116*

Azi [123 D2–3] Insider Tipp
Eine sehr weibliche Wärmflasche mit Halskette und ausgeprägtem Busen, bunte Nudelsiebe, verrückte Uhren: Viele der käuflichen Gags hat der Boutiquenbesitzer Mario Azi selbst entworfen. *Via S. Francesco a Ripa 170, Tram 8*

MARCO POLO Highlights »Einkaufen«

★ **Stampe Antiche Trineia**
Unzählige alte Stiche und Guaschen (Seite 66)

★ **Herder**
Fundgrube für deutsche Rom-Literatur (Seite 66)

★ **Volpetti**
Schlemmereien und üppige Käsetheke (Seite 67)

★ **Artemide**
Design und edle Lampen (Seite 68)

★ **Porta Portese**
Ramsch-, Grapsch- und Flohmarkt am Sonntag (Seite 69)

★ **Fendi**
Pelzimperium der fünf Schwestern (Seite 70)

★ **Gucci**
Taschen, Täschchen, Accessoires (Seite 70)

★ **Scala Quattordici**
Maria schneidert nach Ihrem Design (Seite 70)

★ **Diesel**
Der Store für Ragazzi mit Laser und Disko-Touch (Seite 70)

★ **Salvatore Ferragamo**
Sportlich-elegante Schuhe für den Herrn (Seite 71)

Insider Tipp **Bottega d'Artigiana** [116 D2]
Originell, aber nicht original, sonst wären die gold-blauen Etrusker-Schmuckstücke nicht bezahlbar. Handtaschen aus Bolivien, Silberschmuck aus Peru. *Via della Scrofa 49, Bus 119*

Ceramiche de Simone [120 A3]
Die dekorativsten Wandteller, Vasen, Service mit Klassischem oder Groteskem bemalt, holt de Simone aus sizilianischen Dörfern in die Hauptstadt. *Via Margutta 47, Metro A: Spagna*

C.U.C.I.N.A [120 A3]
Eldorado für alle Hausfrauen und Hobbyköche, Küchengeräte aller Art. Spezialität: Damasttischtücher, Servietten. *Via del Babuino 118a, Metro A: Spagna*

Museums-Shop [120 C5]
T-Shirts mit Picassos drauf, ein Schirm mit Magrittes Auge, griechische Schalen, römisches Glas; hier gibt es Repliken der schönsten Kunstwerke von der Antike bis zur Modern Art. *Durchgehend geöffnet, So-Mittag geschl., Via Nazionale 185, Metro B: Repubblica, Bus 64, 640*

JUWELIERE

Boncompagni Sturni [120 B4]
Silber, alte Juwelen, Art déco. *Via Mario de'Fiori 59b, Metro A: Spagna*

Bulgari [120 A4]
Die Schaufenster sind schlicht, denn die Schatzkästlein liegen drinnen im Geschäft. Über die Preise spricht man nicht … *Via Condotti 10, Metro A: Spagna*

Burma [120 A4]
Falls Sie aus besonderem Anlass die englischen Kronjuwelen kaufen wollen, hier geht's: als gut gemachte Imitation natürlich. *Via Condotti 28, Metro A: Spagna*

Melis [116 D1]
Moderne Kombinationen aus 2000 Jahre alten Münzen. *Via dell'Orso, Bus 116*

Moroni [120 B4]
Ohrgehänge, Broschen alter Art, Armbänder nach dem letzten Schrei. *Via Belsiana 32a, Metro A: Spagna*

KINDERMODE

La Cicogna [120 B4]
Die Baby- und Kindersachen sind hübsch und teuer, eigentlich mehr für den Sonntagsspaziergang als für den Alltag gedacht. *Via Frattina 138, Metro A: Spagna*

Mettemi giù [119 F4]
Bunt, locker, *casual* für Kinder von 0 bis 15 Jahren. *Durchgehend geöffnet, So und Mo vormittags geschl., Via dei due Macelli 59e, Metro A: Spagna, Bus 117*

LAMPEN & DESIGN

Artemide [120 A3]
★ Da geht Ihnen ein Licht auf. *Via Margutta 107, Metro A: Spagna*

Dolmen [117 E3]
Eine der besten Adressen für italienisches Design in der richtigen Mischung zwischen Avantgarde und Klassik: Einzelstücke von De Majio und Sammlungen von Quartett, Ohira, Sipek, Thun, Capellini,

Flou, Mondo Leucos. *Via de Cestari 43, Bus 116*

Flos **[120 A3]**
Der Lampenladen schlechthin. *Via del Babuino 84, Metro A: Spagna*

Sciolari **[120 C6]**
Seit Generationen Lampen, Lichter und Lampenständer. *Via Milano 24, Metro A: Repubblica*

MÄRKTE & FLOHMÄRKTE

Piazza Fontanella Borghese **[120 A4]**
Fundgrube für Bücherwürmer. *Mo–Sa vormittags, Bus 116*

Piazza Vittorio **[125 D1]**
Hier herrscht Multi-Kulti und Chinatown. Auf dem billigsten Gemüse-, Fisch- und Geflügelmarkt Roms finden Sie original indischen Curry, marokkanische Couscous-Hirse, afrikanische Yams-Wurzeln und chinesische Heilkräuter. *Mo–Sa 9–13.30 Uhr, Metro A: Vittorio*

Porta Portese **[123 D3–4]**
★ Es gibt nichts, was es hier nicht gibt. Selbst Ihre geklaute Brieftasche taucht irgendwann einmal auf, leer natürlich. Darüber hinaus finden Sie: Hüte, Schuhe, Ferngläser, Uhren und originelle Klamotten zuhauf an. Achtung, Taschendiebe! *So 7–14 Uhr, zwischen Viale Trastevere und Porta Portese, Tram 8, Bus 780*

Underground **[120 B4]**
Jedes erste Wochenende im Monat verwandelt sich die Tiefgarage Ludovisi in einen bunten Flohmarkt mit Antiquitäten, Kleinkunst und Kitsch. *1. Wochenende im Monat Sa 15–20, So 10.30–19.30 Uhr, Via Francesco Crispi 96, Metro A: Barberini, Bus 116, 119*

Die echte Römerin kauft am liebsten auf dem Markt

Via Sannio **[125 E3]**
Billiger Kleidermarkt hinter dem Lateran. *Vormittags außer So, Piazzale Appio, Metro A: S. Giovanni*

MODE

Giorgio Armani **[120 A3]**
Er ist nun mal einer der großen Stars der Herrenmode, aber Klassisches für Damen ist auch zu haben. *Via Condotti 77, Metro A: Spagna*

Arsenale **[116 C3]**
Letzter Schrei und nicht mal teuer. *Via del Governo Vechio 64, Bus 64, 116*

Artigianato Argentino **[122 D2]**
Schräge Handtaschen, freche Rucksäckchen mit Extrafach fürs Handy, alles handgemacht bei Roberto, dem Argentinier. *Via della Lungaretta 96, Tram 8*

Laura Biagiotti **[120 A4]**
Sie ist die Woll- und Kaschmirkönigin. *Via Borgognona 43, Metro A: Spagna*

Cravatteria Nazionale [120 A4]
Stellen Sie sich vor, der Staatspräsident bittet Sie überraschend in den Quirinalspalast oder der Papst gewährt Ihnen Privataudienz, dann finden Sie hier die richtige Krawatte. *Via Vittoria 62, Metro A: Spagna*

Discount Alta Moda [119 F3]
Designer-Klamotten von Versace bis zu Les Copains und XY zum halben Preis. *Via di Gesù e Maria 16, Bus 117, Metro A: Flaminio*

Fendi [120 B4]
★ Die fünf Fendi-Schwestern herrschen über ein Pelz- und Modeimperium mit allein vier Boutiquen in einer Straße. *Via Borgognona, Metro A: Spagna*

Gente [119 F4]
Edelchic und Exzentrisches für Leute von heute. Anschauen kostet nichts. *Via del Babuino 82, Bus 117*

Gianfranco Ferrè [120 B4]
Luxusboutique, wo Sting und Zeffirelli gelegentlich zuschlagen. *Via Borgognona 6, Metro A: Spagna*

Fendi: Nobelmarke seit 1925

Gucci [120 B4]
★ Taschen, Leder und Accessoires. *Via Condotti 8, Metro A: Spagna*

Josephine Huertas [119 E5–6]
Ausgefallener weiblicher Chic der spanischen Designerin. *Via di Parione 20, Bus 64*

Luna e l'Altra [119 E6]
Augenweide! Originelle Stücke, Designer-Schmuck. *Via del Governo Vecchio 105, Bus 64, 116*

Max Mara [120 B4]
Manch flotter Fummel ist hier zu finden. *Via Condotti 45, Via Frattina 38, Metro A: Spagna*

Scala Quattordici [116 B5–6]
★ Ausgefallene, schicke Modelle. Wenn Sie selbst extravagante Ideen haben, schneidert es Ihnen Maria in zehn Tagen. *Via della Scala 14, Bus 75, 60*

Valentino [120 A4]
Klassiker der Modebranche. *Via Bocca del Leone 15 (Damen), Via Condotti/Mario de'Fiori (Herren), Metro A: Spagna*

MODE FÜR JUNGE LEUTE

Babilonia [119 F4]
Lederjacken zu Superpreisen. *Via del Corso 494, Bus 116, 117*

Dakota [119 F5–6]
Discount-Paradies für T-Shirts, Sweat-Shirts, Jeans. *Via del Seminario 111, Bus 117*

Diesel [119 F4]
★ Number-One-Store für Ragazzi mit Laser und Disko-Touch. *Via del Corso 185, Metro A: Spagna*

Mode, Macht und »bella figura«

Der Anzug macht den Politiker

Dass unser Gerhard Zigarre raucht, Brioni trägt und mit Doris in Positano Urlaub macht, finden Italiener vollkommen o.k.! Endlich mal ein flottes Kanzlermodell. Dabei ist Brioni nicht einmal Haute Couture! Hier hat nämlich jeder Politkollege seinen eigenen Herrenschneider, denn in Italien gilt noch immer: Erst der Anzug macht den Boss. Mode ist oft wahlentscheidend, weshalb die Damen und Herren Politiker allzeit »bella figura« machen. Sie können mauscheln, tricksen oder ein saftiges Korruptionsverfahren am Hals haben, aber ein ausgebeultes Jackett oder ein schlecht sitzendes Kostüm beim obligaten TV-Auftritt wäre eine Staatsaffäre.

Energie **[119 F4]**
Treffpunkt für energiegeladene Stadtindianer: schwarze Jeans, Bluejeans, Hiking-Boots, Skater-Klamotten. *Via del Corso 486, Bus 56, 116, 117, 492*

Raniero Gattinoni **[120 C4]**
Seine Mutter entwarf die Robe für den Film »Dolce Vita«, Sohn Raniero kleidet die Jeunesse dorée und Evertwens in Rom. *Via Sistina 44, Metro A: Barberini*

SCHUHE

Beltrami **[120 A4]**
Teure Ledertaschen und feine Schuhe. *Via Condotti 17, Bus 110, Metro A: Spagna*

Borini **[116 C5]**
In-Laden der flotten Römerinnen, ob Plateau-, Stöckelschuhe oder Stiefel. *Via dei Pettinari 86, Tram 8*

Dal Cò **[120 A4]**
Maßschuhe für feine Leute. *Via Vittoria 65, Metro A: Spagna*

Salvatore Ferragamo **[120 B4]**
★ Edle Herrenschuhe, teure Portemonnaies. *Via Condotti 66, Bus 110, Metro A: Spagna*

SECONDHANDSHOPS

Gibt es jede Menge in der Via del Governo Vecchio **[116 C3]**.

Le Gallinelle **[124 B1]** Insider Tipp
Aus alt mach neu auf exotische Art. Wilma Silvestri recycelt u.a. asiatische Stoffe zu phantastischen neuen Kreationen. *Via dei Serpenti 27, Metro B: Cavour*

Sempreverde **[116 C3]**
Klamotten aus den Fifties gibt es hier bis spät in die Nacht zu kaufen. *9–1.30 Uhr, Via del Corallo 7, Bus 62, 64*

DESSOUS

Yvonne Flyes **[120 B5]**
Dessous made in Italy, mit englisch-italienischer Beratung. *Via del Nazareno 1c (Via Tritone), Bus 60, 117*

Zimmer mit Aussicht – lieber nach hinten

Viele römische Hotels liegen traumhaft, aber Vorsicht, keine Lärmschutzgarantie

Roms Hotelkategorien »stehen in den Sternen«, und die sind, vor allem in offiziellen Führern, sehr geduldig. Warum das adrette Campo de'Fiori nur zwei, manch andere Pension drei Sterne ergattern konnte, wissen ohnehin nur die Götter.

Seien Sie auf kleine Überraschungen gefasst: düstere Zimmer, lauwarmer Kaffee beim Frühstück, nächtliche Knattermusik der Mopeds, Dusche ohne Vorhang und manchmal dickhäutiges Personal, das Ihre Beschwerden hoheitsvoll abzuwimmeln weiß. Bleiben Sie gelassen, hier zählen andere Dinge, etwa die *grandezza* der Eingangshalle mit viel Marmor, Stuck an den Decken oder vielleicht ein lauschiger Innenhof. Und bei einigen Etablissements entschädigt ein wundervoller Blick aus dem obersten Stock oder von der Terrasse für den tropfenden Wasserhahn.

Das historische Zentrum ist für den Durchgangsverkehr von 7 bis 19 und nach 22 Uhr gesperrt, was wegen der vielen Anlieger allerdings keine Lärmschutzgarantie ist. Falls Sie Ohren wie ein Luchs haben, verlangen Sie bei der Reservierung eine *camera tranquilla*, ein ruhiges Zimmer nach hinten.

Viele Hotels haben malerische Innenhöfe, die Ruhe vor dem römischen Straßenlärm bieten

Die Übernachtungspreise, die an der Rezeption und im Zimmer angeschlagen sind, verstehen sich als Nettopreise. Dazu kommen 19 Prozent Mehrwertsteuer, Frühstück und manchmal im Sommer ein Klimaanlagenzuschuss. Da das Hotelfrühstück meist von erlesener Dürftigkeit ist, fahren Sie besser, wenn Sie morgens in einer benachbarten Bar Ihren Cappuccino mit einem frischen Hörnchen zu sich nehmen. Das tun die Römer auch.

Kein Wunder, dass bei den stolzen Preisen neuerdings viele auf *bed and breakfast* setzen, wo das DZ zwischen 50 und 100 Euro liegt: *Bed and Breakfast Association of Rome, Tel. 066 87 73 48; Bed and Breakfast Italia, Tel. 06 68 80 15 13, Fax 066 87 86 19, www.bbitalia.it; Familyhouse, Via Bixio 72, Tel. 06 70 49 79 96, www.family-house.it*

Außerdem gibt es eine Hotelreservierung über *Tel. 800 01 57 72, 80 00 87 77* und *800 86 00 04* sowie eine Nummer für Spätentschlossene: *Tel. 066 99 10 00.*

Insider Tipp

HOTELS €€€

Beverly Hills **[121 D1]**
Im Villenviertel Salaria nahe der Villa Borghese, sehr amerikanisch gehalten. *163 Zi., Largo Benedetto Marcello 220, Tel. 068 54 21 41, Fax 068 55 35 42, Bus 56*

Borgognoni **[120 B4]**
★ Komfortables Hotel in einem Palast aus dem 17. Jh., der den burgundischen Adeligen in Rom gehörte und sein barockes Ambiente bewahrt hat. Bei der Piazza S. Silvestro. *50 Zi., Via del Bufalo 126, Tel. 06 69 94 15 05, Fax 06 69 94 15 01, www.hotelborgo.it, Bus 63, 492*

Hotel Raphaël – erste Adresse hinter der Piazza Navona

Cardinal **[116 B4]**
Romantischer, efeubewachsener Palazzo an der Via Giulia. *66 Zi., Via Giulia 62, Tel. 06 68 80 27 19, Fax 066 78 63 76, www.charminghotels.it, Bus 23, 280*

D'Inghilterra **[120 A4]**
Traditionshotel in bester Lage, edles Mobiliar, sogar mit feinem Porzellan an den Wänden. *105 Zi., Via Bocca di Leone 14, Tel. 066 99 81, Fax 06 69 92 22 43, Metro A: Spagna*

Raphaël **[116 C3]**
★ Stimmungsvoller alter Palazzo hinter der Piazza Navona, von oben bis unten dicht mit Efeu bewachsen. *83 Zi., Largo Febo 2, Tel. 06 68 28 31, Fax 066 87 89 93, www.raphaelhotel.com, Bus 70, 81, 492*

De la Ville **[120 B4]**
★ Altmodisches First-Class-Hotel mit schönem Dachgarten und einer Garage. *189 Zi., Via Sistina 67, Tel. 066 73 31, Fax 066 78 42 13, www.interconti.com, Metro A: Barberini*

HOTELS €€

Carriage **[120 A4]**
★ Mitten im hübschen Modeviertel und dennoch ruhig gelegen und gepflegt. Zimmer etwas dunkel. *24 Zi., Via delle Carrozze 36, Tel. 066 99 01 24, Fax 066 78 82 79, www.hotelcarriage.net, Metro A: Spagna*

Condotti **[120 A4]**
Stilvolles Hotel, wo gern Antiquitätenhändler und Modeleute wohnen. *21 Zi., Via Mario de'Fiori 37, Tel.*

MARCO POLO Highlights »Übernachten«

★ **Borgognoni**
Video, Klimaanlage und Komfort im barocken Palazzo (Seite 74)

★ **Raphaël**
Erste Adresse hinter der Piazza Navona (Seite 74)

★ **De la Ville**
Altmodisches First-Class-Hotel an der Spanischen Treppe (Seite 74)

★ **Campo de'Fiori**
Stuckengelchen und Spiegelkabinette im alten Gasthaus (Seite 78)

★ **Farnese**
Wer hier wohnt, hat es nicht weit zum Vatikan (Seite 75)

★ **Nerva**
Romantisch hinter dem Trajansforum versteckt (Seite 77)

★ **Sant'Anselmo**
Jugendstilvilla auf dem grünen Aventin (Seite 77)

★ **Scalinata di Spagna**
Zauberhaft und immer ausgebucht (Seite 77)

★ **Carriage**
Klein, piekfein, mitten im Modeparadies (Seite 74)

066 79 46 61, Fax 066 79 04 57, www.hotelcondotti.com, Metro A: Spagna

Del Senato **[117 E2]**
Den mächtigen Renaissancepalast des Senates haben Sie ebenso vor der Tür wie das Pantheon und die einmalige Atmosphäre der beliebten Piazza della Rotonda. Aber leider auch etwas von deren Lärm. *48 Zi., Piazza della Rotonda 73, Tel. 066 78 43 43, Fax 06 69 94 02 97, www.italyhotel.com, Bus 56, 60, 116*

Farnese **[119 D3]**
★ Hübsche, alte Villa im Stadtteil Prati, ganz in der Nähe wohnt der Papst. Für Rom gutes Frühstücksbuffet. *23 Zi., Via Alessandro Farnese 30, Tel. 063 21 25 53, Fax 063 21 51 29, www.travel.it/roma/hotelfarnese, Metro A: Lepanto*

Internazionale **[120 B4]**
Über der Spanischen Treppe, hübsch eingerichtet mit freundlichem Service im Haus. *38 Zi., Via Sistina 79, Tel. 06 69 94 18 23, Fax 066 78 47 64, www.hotelinternazionale.com, Metro A: Barberini*

Locarno **[119 E3]**
Zwischen Tiber und Piazza del Popolo in einer ruhigen Straße. *28 Zi., Via della Penna 22, Tel. 063 61 08 41, Fax 063 21 52 49, www.hotellocarno.com, Metro A: Flaminio*

Madrid **[120 B4]**
Die Zimmer sind schlicht, die Lage ist herrlich, gleich neben der Via Frattina. *24 Zi., Via Mario de' Fiori 93, Tel. 066 99 15 10, Fax 066 79 16 53, www.hotelmadridroma.com, Metro A: Spagna*

Römische Luxushotels

Cavalieri Hilton [118 A1]

Modernes, funktionelles Hotel auf dem Monte Mario, mit gutem Dachgartenrestaurant »La Pergola«, Pool, Tennisplätzen und schönem Blick auf Rom. Gern gebucht von Tennis-Cracks und internationalen Sportgrößen. 387 Zi. und Suiten. Ab 340 Euro. *Via Cadlolo 101, Tel. 063 50 91, Fax 06 35 09 22 41, www. cavalieri-hilton.it, Bus 907, 913*

Hassler Villa Medici [120 B4]

Die Spanische Treppe liegt zu Ihren Füßen, die Gärten der Villa Medici zur Seite und die Kuppel des Petersdoms können Sie fast vom Bett aus sehen. 103 Zi. und Suiten. In diesem traditionsreichen Nobelhotel übernachteten schon Angehörige europäischer Königshäuser und andere internationale VIPs. Ab 450 Euro. *Piazza Trinità dei Monti, Tel. 06 69 93 40, Fax 066 78 99 91, www.hotelhassler-roma.com, Metro A: Spagna*

Hotel Hassler Villa Medici

Holiday Inn Crown Plaza Minerva [117 D3]

Neues Nobelhotel in einem prachtvollen, postmodern umgebauten Barockpalast gleich hinter dem antiken Pantheon. Dachterrasse mit herrlichem Rundblick auf das historische Zentrum. Gutes Restaurant »La Cesta«. 134 Zi. und Suiten. Ab 400 Euro. *Piazza della Minerva 69, Tel. 06 69 52 01, Fax 066 79 41 65, www.crown plaza.com, Bus 81, 87*

Lord Byron [120 C3]

Das kleinste unter den Edelhotels liegt in einem umgebauten ehemaligen Kloster neben dem Park der Villa Borghese, führt das exquisite Restaurant »Le Relais du Jardin« und hat nur 50 stilvoll möblierte Zimmer und Suiten. Ab 330 Euro. *Via Giuseppe de Notaris 5, Tel. 063 22 04 04, Fax 063 22 04 05, www.lord byronhotel.com, Tram 3 (früher 30!)*

Majestic [120 C4]

Wer von der Via Veneto nicht lassen mag und ein Stückchen »Dolce Vita« erproben will, wohnt im eleganten Majestic zwischen Pleureusen und Komfort, freskengeschmücktem Verdi-Saal und American Bar. Die 95 Zimmer sind größtenteils mit antikem Mobiliar ausgestattet. Ab 400 Euro. *Via Vittorio Veneto 50, Tel. 06 42 14 41, Fax 064 88 09 84, www.hotelmajestic. com, Bus 56*

Insider Tipp

Nerva **[124 A1]**
★ Das kleine, komplett restaurierte Hotel liegt einmalig direkt hinter dem Trajansforum. *19 Zi., Via Tor dei Conti 3, Tel. 066 78 18 35, Fax 066 99 22 04, www.hotelnerva.com, Metro B: Cavour,Bus 64*

Sant'Anselmo und Villa San Pio **[123 E4]**
★ Ruhig gelegene, gepflegte Jugendstilvilla auf dem Aventin. Durch einen Garten mit ihrer Dependance San Pio verbunden. Bei deutschen Gästen äußerst beliebt. *45 und 80 Zi., Piazza S. Anselmo 2, Tel. 065 78 32 14, Fax 065 78 36 04, www.aventinohotels.com, Metro B: Circo Massimo*

Insider Tipp

Santa Chiara **[117 E3]**
Seit 200 Jahren wird das aufs Eleganteste renovierte Stadthotel beim Pantheon, von der Familie Corteggiani geführt. *76 Zi., Via Santa Chiara 21, Tel. 066 87 29 79, Fax 066 87 31 44, www.albergosantachiara.com, Bus 64, 117*

Santa Maria **[116 C6]**
Hübsches Drei-Sterne-Haus in einem ehemaligen Kloster in Trastevere. Mit Kreuzgang und Garten. *18 Zi., Vicolo del Piede 2, Tel. 065 89 46 26, Fax 065 89 48 15, www.htlsantamaria.com, Tram 8*

Scalinata di Spagna **[120 B4]**
★ Schöner haben auch Goethe, Keats und Shelley nicht gewohnt, nämlich hoch über der Spanischen Treppe. Frühstück auf der Dachterrasse mit traumhaftem Blick. Am besten Monate im Voraus buchen! Deutsche Leitung. *14 Zi., Piazza Trinità dei Monti 17, Tel. 066 79 30 06, Fax 06 69 94 05 98, www.hotelscalinata.com, Metro A: Spagna*

Teatro di Pompeo **[116 D4]**
Gediegenes Hotel. Sie schlafen ruhig über dem Gemäuer des Teatro Pompeo, wo der arme Cäsar in der Kurie des Senats vor circa 2000 Jahren ermordet wurde. *28 Zi., Largo Pallaro 8, Tel. 06 68 30 01 70, Fax 06 68 80 55 31, hotel.teatrodipompeo@tiscalinet.it, Bus 60, 64*

Villa Florence **[121 E3]**
Für Stadtflüchtlinge ideal ist die Villa Florence. Leicht zu erreichen über die Einfallstraße Via Salaria. Mit Garten und eigenen Parkplätzen. *25 Zi., Via Nomentana 28, Tel. 064 40 30 36, Fax 064 40 27 09, villa.florence@flashnet.it, Bus 60, 62*

Villa Grazioli **[0]**
Drei-Sterne-Hotel im vornehmen Stadtteil Parioli neben dem Park Villa Ada. Garten, Parkplätze. Gute Anfahrt über die A 1 (Ausfahrt Roma-Nord, Via Salaria). *30 Zi., Via Salaria 241, Tel. 068 41 65 87, Fax 068 41 33 85, www.villagrazioli.it, Bus 60, 63*

Zara **[120 C5]**
Gute Adresse direkt beim Palazzo Barberini und keine zehn Minuten von der berühmten Fontana di Trevi entfernt. *28 Zi., Via delle Quattro Fontane 37, Tel. 06 48 14 48 47, Fax 06 48 36 20, www.hotelzararoma.com, Metro A: Barberini*

HOTELS €

Abruzzi **[117 E2]**
Mit Blick auf das Pantheon – und die quirlige Atmosphäre der vielen

Nachtschwärmer auf dem Platz. 25 Zimmer, nicht alle mit Bad. *Piazza della Rotonda 69, Tel. 066 79 20 21, Bus 116*

Insider Tipp
Aventino **[123 F4]**
Dependance der alten Jugendstilvilla Sant'Anselmo mit Garten. *24 Zi., Via S. Domenico 10, Tel. 065 75 08 45, Fax 065 78 36 04, www.aventinohotels.com, Tram 3 (früher 30/), Bus 75*

Campo de'Fiori **[116 D4]**
★ Tolle Lage. Winzige Zimmer mit verspielten Barock-Engelchen oder Spiegelkabinett. Dachterrasse. *18 Zi., Via Biscione 6, Tel. 06 68 80 68 65, Fax 066 87 60 03, www.hotelcampodefiori.com, Bus 62, 64, 116*

Contilia **[121 E5]**
Kleines, hübsches Hotel in der Nähe vom Bahnhof Termini. *33 Zi., Via Principe Amadeo 79d, Tel. 064 46 69 42, Fax 064 46 69 04, www.hotelcontilia.com, Metro A, B: Termini*

Fawlty Towers **[121 E5]**
Eine echt römische Familienpension in der Nähe von Termini. *14 Zi., Via Magenta 39, Tel. 064 45 48 02, Fax 064 45 03 74. www.enjoyrome.it, Metro A, B: Termini*

Margutta **[119 F3]**
Freundliche, saubere Pension mitten im Einkaufsviertel nahe der Spanischen Treppe, dem Pincio und der Via del Corso. *21 Zi., Via Laurina 34, Tel. 063 22 36 74, Fax 063 20 03 95, Metro A: Spagna*

Perugia **[124 C2]**
Eine kleine, schlichte Pension in einer hübschen Gasse hinter dem Kolosseum. *11 Zi., Via del Colosseo 7, Tel. 066 79 72 00, Fax 066 78 46 35, htlperugia@iol.it, Metro B: Colosseo*

Prati **[119 D4]**
Sauberes Haus, auf der anderen Tiberseite gelegen. *23 Zi., Via Crescenzio 87, Tel. 066 87 53 57, Fax 06 68 80 69 38, Bus 34, 492*

Bloß nichts im Auto lassen

Autoknacker sind auch am Inhalt Ihres Wagens interessiert

Die jungen Autoknackerbanden haben sich nicht nur auf die ausländischen Luxuslimousinen, sondern auch auf deren Inhalt spezialisiert. Am besten lassen Sie Ihre teure Stereoanlage noch zu Hause ausbauen, es sei denn, sie ist sicher kodiert.

Sie mögen Ihr Auto noch so gut abgeschlossen haben, es könnte Ihnen dennoch wie kürzlich jenem Cabrioletfahrer gehen, der seinen Wagen eines Morgens auf Steinen aufgebockt fand – ohne Räder. Fragen Sie lieber vorher, ob Ihr Hotel eine Garage hat oder vermitteln kann. Und lassen Sie das Auto am besten bis zu Ihrer Abfahrt dort stehen.

Smeraldo **[117 D8]**
Hübsche Altstadtpension in den Gassen hinter der Kirche S. Andrea della Valle. *35 Zi., Via dei Chiodaroli 11, Tel. 066 87 59 29, Fax 06 68 80 54 95, Bus 62, 64*

PREISWERTE UNTERKÜNFTE

Einfache Zimmer für junge Leute zwischen 25 bis 50 Euro pro Person, Gemeinschaftsbad, keine Kreditkarten.

Katty **[121 E4]**
Wenig Komfort, guter Preis. *12 Zi., Via Palestro 55, Tel. 064 44 12 16, Fax 064 44 12 61, Bus 492*

Mimosa **[117 E3]**
Die Möbel sind abgewetzt, aber das Personal ist meist gut drauf, die Lage beim Pantheon eins A. *11 Zi., Via Santa Chiara 61, Tel. 06 68 80 17 53, Fax 066 83 35 57, www.hotelmimosa.net, Bus 56, 64, 116*

Insider Tipp **Navona** **[116 D3]**
Sauberes Gästehaus gleich hinter der Piazza Navona. *18 Zi., Via dei Sediari 8, Tel. 066 86 42 03, Fax 06 68 80 38 02, Bus 70, 81, 116*

Porta Pia **[121 E3]**
Einfache Unterkunft in buntem Viertel, täglich Marktleben vor der Tür. *14 Zi., Via Messina 25, Tel. 06 44 24 99 11, Fax 06 44 24 99 24, Bus 60, 62, 840*

Trastevere **[123 D2]**
Renoviertes winziges Hotel fünf Minuten von Santa Maria in Trastevere mit Blick auf den Markt, der auch als früher Wecker funktioniert. *9 Zi., Via Luciana Manara 24, Tel. 065 81 47 13, Fax 065 88 10 16, Tram 8*

KLÖSTER & JUGENDHERBERGEN

Eine Liste der Ordenshäuser verschickt das Deutsche Pilgerbüro von S. Maria dell'Anima, *Via della Pace 20* **[116 C2]**, *Tel. 066 86 41 60, 9–13 Uhr*

Auch das Pilgerbüro des Vatikans vermittelt Zimmer, *Via della Conciliazione 51* **[118 C5]**, *Tel. 066 89 71 97, Fax 066 86 94 90, www.pilgerzentrum.de, Mo–Fr 8.30–17.30, Sa 8.30–12 Uhr.* Der Preis liegt zwischen 25 und 40 Euro pro Person.

Casa S. Brigida **[116 C4]**
Ideal gelegen, aber mit 65 Euro teuer. *Piazza Farnese 96, Tel. 06 68 89 25 96, Bus 64, 116*

Istituto Padri Teatini **[116 D4]**
Speziell für Jugendliche. *Piazza Vidoni 6, Tel. 066 86 13 39, Fax 066 87 78 97, Bus 62*

Suore Immacolate **[120 B4]**
Schwestern der Concezione di Lourdes. *Via Sistina 113* (nahe Spanische Treppe), *Tel. 064 74 53 24, Metro A: Spagna*

Suore dell'Addolorata **[118 C5]**
Borgo Santo Spirito 41, Tel. 066 86 10 76, Bus 64

Ostello del Foro Italico **[O]**
Jugendherberge. 350 Plätze, nur mit IYHF-Karte. *Viale Olimpiade 61, Tel. 063 24 25 73 und 063 24 25 71, Bus 32, 280, 628*

Trastevere, Testaccio und die Kneipenszene

Das eigentliche Nachtleben der Ragazzi spielt sich auf der Straße ab

Mambo im Kirchenstaat, »Dolci Notti«, süße Nächte, heißer Strip und freches Kabarett? Natürlich gibt es auch in der Ewigen Stadt ein paar schicke und teure Nachtschuppen, aber das eigentliche römische Nachtleben findet auf der Straße statt – zumindest von April bis November. Da flanieren die jungen Römer bis 1 oder 2 Uhr nachts durch das historische Zentrum oder Trastevere, vorbei an den märchenhaft angestrahlten antiken Monumenten, Eis schleckend und aus den Brunnen trinkend und rechts und links die Freunde grüßend – fast immer in großen Gruppen, denn der Römer ist nicht gern allein.

Es gibt jedoch – neben Zentrum und Trastevere – ein Viertel, das noch immer den Charme des alten Rom bewahrt und trotzdem ein Szenetreff für die *ragazzi* ist: der Insider Tipp Monte Testaccio, der alte »Bauch von Rom«. Alt ist der 40 m hohe Schutt- und Scherbenhügel

Römisches Nightlife: elegant gekleidet zum Konzert ...

... oder in die Disko

wahrhaftig, weit über zweitausend Jahre. Hier lag einst der römische Schlachthof, heute Kulturzentrum.

Aber die alten Kneipen, wo Eingeweide schmackhaft zubereitet werden, sind geblieben. Und viele neue Nachtcafés, Diskos und Theater haben sich rund um den Scherbenhügel angesiedelt. Hier schwoft, trinkt und flirtet die Jugendszene bis 2 Uhr nachts. Danach geht der Autokorso rund um den Testaccio erst richtig los.

Während viele Diskos entweder um die Via Vittorio Veneto, in Trastevere oder in den Außenbezirken liegen, finden sich die meisten Bars, Cafés und Weinstuben im historischen Zentrum. Hier liegen auch viele irische Pubs. Es gibt Kleinigkeiten zu essen und bestes Bier vom Fass.

Über alle Veranstaltungen, Kino, Konzerte, Diskos informieren Sie sich am aktuellsten in der Donnerstagsbeilage *»Trova Roma«* der Tageszeitung *»Repubblica«* oder im Wochenführer *»Roma c'è«*. Oder im Internet: *www.timeout.com* (mit Romlink) oder *www.inforoma.it*.

Insider Tipp

BARS, CAFÉS & WEINSTUBEN

Die meisten Nachtbars verlangen den Eintrittspreis in Form einer *tessera*, eines Mitgliedsausweises, für ca. 10 Euro. Nur manchmal ist der erste Drink darin inbegriffen.

Bar del Fico **[119 D5]**
Echt coole römische Bar – kleiden Sie sich nur nicht zu gut, sondern lieber im gammeligen Britpop-Look. *Mo–Sa 7.30–2, So 11.30 bis 2 Uhr, Piazza del Fico 26, Tel. 066 86 52 05, Bus 64, 116*

Bluebar **[116 C1]**
Roms älteste Nachtbar, wo der Pianist im Hintergrund klimpert. Der Chef lässt nicht jeden herein, es sei denn, Sie sind Belmondo oder sehen so aus. *Ab 23 Uhr, So geschl., Eintritt 18 Euro, Via dei Soldati 25, Tel. 06 68 80 42 50, Bus 116*

Caffè Latino **[123 E5]**
★ Es swingt in den Grotten des Testaccio, wo man so manchen »alten Veteranen« trifft. *Tgl. ab 22 Uhr, Eintritt 13 Euro plus Clubausweis (tessera), Mo geschl., Via di Monte Testaccio 96, Tel. 065 72 85 56, Bus 95, 170, 781*

Caffè della Pace **[116 C2]**
★ Die Schickimickis drängen sich drinnen und draußen. *So geschl., Vicolo della Pace 3–7, Tel. 06 68 80 12 16, Bus 62, 64*

Cavour 313 **[124 B1]**
Enoteca, also eine echt italienische Weinstube mit schicken Leuten, guten Snacks, frischen Salaten. *Tgl. 20–1.30 Uhr, Via Cavour 313, Tel. 066 78 54 96, Metro B: Via Cavour*

Cul de Sac **[116 C3]**
★ Beliebter Jugendtreff. Außer Pasta gibt es eigentlich alles zu essen. Immer im Angebot: Wein und guter Käse. *19.30–24 Uhr, Mo geschl., Piazza Pasquino 73, Tel. 06 68 80 10 94, Bus 62, 64*

Enoteca **[116 D2]**
Die Weinstube ist so winzig, dass man sie kaum findet, aber drinnen kann es so gemütlich sein, dass kaum einer gehen möchte. *18–24 Uhr, So geschl., Piazza Navona 72, Bus 70, 81, 116*

Four XXXX Pub **[123 E5]**
Jazz, Rock'n Roll und Blues live und dazu Pizza, Tacos und andere mexikanische Gerichte gibt es im Club im Testaccio-Viertel. *Tgl. 19.30–2, Mo–Fr auch 12.30 bis 15.30 Uhr, Via Galvani 29, Tel. 065 75 72 96, Bus 673, 719, Metro B: Piramide*

Jonathan's Angels **[116 C2]**
★ Die Wände sind mit opulenten Fresken des Besitzers Jonathan geschmückt. Beachtenswert: das Klo! *13–2 Uhr, Mo geschl., Via della Fossa 16, Tel. 066 89 34 26, Bus 62, 64*

Ned Kelly **[117 E3]**
Australischer Pub, wo verirrte Rugby- und Cricket-Fans jedes Sportergebnis dieser Welt über Satelliten empfangen und dabei tief ins Bierglas gucken. Salatbuffet. *Tgl. 18.30 bis 2 Uhr, Via delle Coppelle 13 (Pantheon), Tel. 066 83 22 20, Bus 116*

La Palma **[117 E2]**
Eisdiele hinter dem Pantheon, wo Jazz oder Romantisches für Liebespaare und Szenegänger gespielt wird. *Tgl. 22–2 Uhr, Via Maddalena 23, Tel. 066 54 07 52, Bus 116*

Picasso Café **[123 E5]**
★ Beliebter Treffpunkt für Künstler und solche, die es werden wollen, für Dichterlesungen und spontane musikalische Einlagen. *21–2 Uhr, So geschl., Via di Monte Testaccio 63, Tel. 065 74 29 75, Bus 95, 170, 781*

Il Piccolo **[116 C3]**
Beliebte Weinstube mit breitem Angebot. Probieren Sie den Prosecco »Rustico«. *Tgl. 18–2 Uhr, Via del Governo Vecchio 74, Tel. 06 68 80 17 46, Bus 64*

Rive Gauche 2 **[125 F3]**
Eine beliebte Mischung aus Cafeteria, Kneipe und Disko mitten im Studentenviertel. Happy hour bis 21 Uhr. *Tgl. 18–2 Uhr, Via dei Sabelli 43, Tel. 064 45 67 22, Tram 3 (früher 30/)*

Marco Polo Highlights »Am Abend«

★ **Caffè Latino**
Der »Kiffhäuser« der 1968er am Testaccio (Seite 82)

★ **Caffè della Pace**
Die Schickimickis geben Ihnen eine Gratis-Show (Seite 82)

★ **Cul de Sac**
Wein und Käse – nur keine Pasta (Seite 82)

★ **Jonathan's Angels**
Super-In-Schuppen voll bunter Fresken (Seite 82)

★ **Picasso Café**
Künstlertreff mit Dichterlesungen oder musikalischen Einlagen (Seite 83)

★ **Radio Londra**
Disko mit schrillem Ambiente (Seite 84)

★ **Caruso Caffè**
Fiesta, Salsa, kubanischer Son (Seite 85)

★ **Goa**
Gelungene Mischung: fernöstlich-italienische Power-Disko (Seite 85)

★ **Mambo**
Kubanische und brasilianische Rhythmen heizen ein (Seite 85)

★ **Nuovo Sacher**
Kino mit Sachertorte, Buchladen und Freiluftarena (Seite 86)

Tartarughino **[116 D8]**
Vornehme Pianobar. Vergessen Sie nicht den weißen Anzug und das kleine Schwarze beim Cocktaildrink in klassischer Atmosphäre. *Tgl. 21–3 Uhr, Via della Scrofa 1, Tel. 066 86 41 31, Bus 116*

DISKOTHEKEN

Insider Tipp **Akab** **[123 E5]**
Vor der umgebauten Industriehalle stehen die Diskofans geduldig Schlange. Livemusik und Events haben die Disko in ganz Italien bekannt gemacht. Eintritt 8 bis 15 Euro, je nach Programm. *Mo–Sa 22–4 Uhr, Via di Monte Testaccio 69, Tel. 065 75 94 94, Bus 95, 170, 781*

Alibi **[123 E5]**
Älteste Gay-Disko Roms mit herrlicher Dachterrasse, Frauen sind nicht gern gesehen. Alles in Rot und Schwarz gehalten, riesige Tanzfläche. *Mi – So, Via di Monte Testaccio 44, Tel.065 74 34 48, Bus 27*

Black Out **[125 D4]**
Der Name ist Programm: black sind die Klamotten der Teenies, black heißt die Musik. Daneben gibt es auch Punk, Rock, Grunge, House. *Di–Sa 22.30–3.30 Uhr, Via Saturnia 18, Tel. 06 70 49 67 91, Metro A: Re di Roma*

Lateinamerikanisch: Caruso Caffè

B Side **[117 E4]**
Neuer, cooler Schuppen im alten Getto. Black music und Acid Jazz. *23–5 Uhr, Mo geschl., Via dei Funari 21a (Largo Torre Argentina), Tel. 06 68 80 50 24, Bus 62, 64*

Gilda **[120 A4]**
Edeldisko auch für Angegraute, Treffpunkt römischer Prominenz. *Di–So 23–4 Uhr, Eintritt 20 Euro mit Bon, Via Mario de'Fiori 97, Tel. 066 78 48 38, Metro A: Spagna*

Horus Club **[0]**
Ein richtiger alter Rockdance-Schuppen mit Livemusik und Bands vor allem aus England und den USA. *Do – Sa ab 22 Uhr, Corso Sempione 21, Tel. 06 86 89 91 81, Bus 60*

Radio Londra **[123 E5]**
Die schrille Bar ist ein Szenetreffpunkt und wurde nach dem Widerstandssender der Alliierten benannt: ein improvisierter Luftschutzkeller, wo überall Sandsäcke herumstehen. Barmann und Barfrau tragen Schutzhelm. Eintritt 15 Euro. *Mi–Mo 23.30–4 Uhr, Via di Monte Testaccio 67, Tel. 065 75 94 94, Bus 95, 170, 781*

JAZZ, FOLK, LATEINAMERIKANISCHES

Banana Caffè **[123 D2]**
Tropische Cocktailbar mit Karaokeeinlagen für den, der diese Art von Unterhaltung auch in Rom mag. *Tgl. 21.30–2 Uhr, Via Francesco a Ripa 100, Tel. 06 58 33 09 47, Tram 3, 8, Bus 630*

Echte Kinofans gehen ins Azzurro Scipioni

Caruso Caffè **[123 E5]**
Fiesta, Livebands, heißer Platz für lateinamerikanische Rhythmen, Salsa, Merengue, Tango, kubanischer Son. Donnerstags spielt die Band Chirimia. *Di–So 22.30–3 Uhr, Eintritt 5 Euro, Via del Monte Testaccio 36, Tel. 065 74 50 19, Bus 27*

Goa **[0]**
Äußerst gelungene Mischung aus fernöstlichem Diwan mit italienischer Diskopower, absolut in und trendy. *Di–Sa 23–3 Uhr, Eintritt 8–15 Euro, Via Libetta 13 (Ostiense), Tel. 065 74 82 77, Metro B: Garbatella*

Mambo **[123 D2]**
★ Hier scheinen die Mambokings aus Kuba wieder auferstanden zu sein und manch gute brasilianische Gruppe dazu. Ein beliebter Treff für Latino-Fans. *Ab 21 Uhr, Mo – Sa, Via dei Fienaroli 30 a, Trastevere, Tel. 065 89 71 96, Tram 8, Bus 630*

KINOS & FREILICHTSPIELE

Azzurro Scipioni **[119 D3]**
Beliebtes Programmkino mit Avantgarde-Filmwochen und internationalen Retrospektiven von Altman über Kurosawa bis Visconti. Teilweise mit Untertiteln. *Via delle Scipioni 84, Tel. 06 39 73 71 61, Metro A: Lepanto*

Grauco **[0]**
Im etwas außerhalb gelegenen Cine-Club kommen Filmenthusiasten bei Reviews von Fritz Lang bis zu den Marx Brothers, von kubanischen bis zu nordafrikanischen Autorenfilmen auf ihre Kosten. *Via Perugia 34, Tel. 067 82 41 76, Tram 19 (Porta Maggiore)*

Filmstadt mit neuem Image

In Rom ist Kino Kult

Auch wenn Cinecittà, das Hollywood Europas, nur noch ein Mythos ist, die Römer gehören, wie die Pariser, zu den fleißigsten Kinogängern Europas. Die 60 Filmtheater der Ewigen Stadt sind gut gefüllt, und nicht nur mit jungen Leuten! Hier gibt es im Sommer immer noch die beliebten Freiluftkinos, Programm- und natürlich jede Menge Erstaufführungssäle.

Wie sehr die Römer sich der Kinokultur verbunden fühlten, zeigte sich 1993 beim Begräbnis Federico Fellinis, als Zigtausende an seinem Sarg, der in Cinecittà aufgebahrt lag, vorbeizogen. Nach dem Tod von Marcello Mastroianni 1997 sind nur noch Anita Ekberg, Gino Lollobrigida, Helmut Berger und Mario Adorf in der früheren Filmmetropole geblieben. Aber Regisseure wie Nanni Moretti (»Caro Diario«), Giuseppe Tornatore (»Cinema Paradiso«), Bernardo Bertolucci (»Der letzte Kaiser«), Michele Placido (Commissario in »Allein gegen die Mafia«), der selber sozial engagierte Filme dreht, und Komiker Carlo Verdone (»Mia Sorella«) haben der Filmstadt ein neues Image verpasst. Website für Kinogänger: *www.trovacinema.it*, mit Romlink, leider nur auf Italienisch.

Intrastevere **[123 D1]**
Beliebtes Programmkino in einem Gässchen Nähe Piazza Trilussa in Trastevere. Häufig werden hier Filme in englischer Originalversion gezeigt. *Vicolo Moroni 3a, Tel. 065 88 42 30, Tram 8*

Nuovo Sacher **[123 E2]**
★ Regisseur Nanni Moretti (»Caro Diario«) hat in Trastevere mit dem Nuovo Sacher – der Name kommt tatsächlich von der Sachertorte, die es im Foyer zu kaufen gibt – sein eigenes Kunstkino aufgemacht, mit Bar, Buchladen und Freiluftarena. Nicht nur italienische Autorenfilme, sondern auch ausländische Spitzenprodukte, montags in Originalsprache. *Largo Ascianghi 1, Tel. 065 81 81 16, Tram 8*

THEATER, OPER, MUSICALS & KONZERTE

Auch wenn Rom sich der schönsten Kulisse der Welt rühmt, was Musentempel oder Säle für klassische Musik, Theater und Oper betrifft, kann die Stadt am Tiber mit anderen Metropolen wie Mailand, Paris oder gar New York nicht mithalten. Es gibt weder eine Philharmonie von Rang und Namen noch einen Konzertsaal, der den Namen verdient. Seit Jahren wartet man auf die neue Klangarena von Stararchitekt Renzo Piano beim Flaminio-Stadion, doch wegen archäologischer Funde und finanzieller Engpässe wird sich der Bau ein paar Jährchen hinziehen. Große Konzerte sind also selten, aber gute Orchester und Chöre kann man zur kalten Jahreszeit in den Kirchen hören. Manchmal wird das Pantheon von gregorianischen Gesängen erfüllt, in den Barockkirchen *San Ignazio, Santa Maria del Popolo* oder *Santa Maria* in Aracoeli gibt es Orgelkonzerte und Oratorien, stimmungsvoll und dabei zum Nulltarif.

Zum Glück sind die Römer auch in der Kultur Meister im Improvisieren. In den lauen Nächten von Mai bis September hat die Stadt mit der *Estate Romana* (Römischer Sommer) ein einzigartiges Freiluftprogramm vor klassischer Kulisse gezaubert.

Accademia Nazionale di Santa Cecilia

Die traditionsreiche römische Akademie hält ihre Winteraufführungen nolens volens im alten Konzertsaal in der *Via della Conciliazione 4* **[118 C5]**, *Bus 63.* Im Sommer spielen namhafte Solisten und eigener Nachwuchs auch im *Park Valle Giulia, Westteil der Villa Borghese* **[120 B1]**, *Viale delle Belli Arti, Tram 19, 3 (früher 30/). Kartenreservierung: Tel. 06 68 80 10 44, www.santacecilia.it*

Teatro Argentina **[119 F6]**

Das städtische Schauspielhaus am Largo Torre Argentina präsentiert sich mit frisch restaurierter klassizistischer Fassade. Hier gastieren die besten italienischen Regisseure und Ensembles. *Kasse: tgl. 10–14 und 15–19 Uhr, Largo di Torre Argentina 5, Tel. 06 68 80 46 01/2, Bus 62, 64*

Teatro di Marcello **[123 D2]**

Kammerkonzerte, »Concerti del Tempietto«, finden nach Sonnenuntergang im antiken Amphitheater statt. *Telefonische Kartenreservierung unter: 064 81 48 00, Viale del Teatro di Marcello, Bus 90*

Teatro Olimpico **[O]**

Hier gastieren Lucio Dalla und Eros Ramazzotti, wenn sie nicht gleich im Fußballstadion auftreten wollen. Neben den italienischen Spitzensängern wird auch Jazz, Chansons und Ballett geboten. *Piazza Gentile da Fabiano 17, Tel. 063 26 59 91, www.teatroolimpico.com, Bus 48, 121, 910*

Teatro dell'Opera **[121 D5]**

Es ist nicht die Mailänder Scala, aber dennoch kam das sonst eher der Mittelmäßigkeit verpflichtete Teatro dell'Opera durch eine einzige Nacht zu Weltruhm. Waren es die flotten Tenöre Carreras, Domingo und Pavarotti, der Rausch der Fußball-Weltmeisterschaft 1990 oder die laue Luft und die magische Kulisse der Terme di Caracalla, die Millionen Zuschauer dahinschmelzen ließen?

Leider wurden die imposanten Caracalla-Thermen 1993 wegen Einsturzgefahr gesperrt. Jetzt finden die Openair-Opern meistens in anderen, nicht weniger romantischen Parks statt. *Kasse: Di–Sa 9–20 Uhr, Piazza Beniamino Gigli 1, Tel. 06 48 16 02 55, Metro A: Repubblica*

Teatro Valle **[117 D3]**

Römisches Boulevardtheater, das auch Konzertmatinees im Programm hat. *Kasse: Mo–Sa 10–19, So 10–13 Uhr, Via del Teatro Valle 23a, Tel. 06 68 80 37 94, Bus 60, 62, 64*

ΑΣΚΛΗΠΙΩΙ · ΣΩΤΗΡΙ

Alle Wege führen durch Rom

Die Spaziergänge sind in der Karte auf dem hinteren Umschlag und im Cityatlas ab Seite 116 grün markiert

1 BAROCK: VON DER VILLA BORGHESE ZUM PETERSPLATZ

Ohne sie wäre Rom nicht Rom! Bildhauer und Baumeister Gianlorenzo Bernini (1598 bis 1680) und Architekt Francesco Borromini (1599–1667) hassten einander – und doch haben sie die heitere barocke Bühne der Ewigen Stadt prächtig miteinander inszeniert. Wie Salieri gegen Mozart, das verkannte Genie gegen den strahlenden Helden, so intrigierte der griesgrämige Borromini bis zu seinem tragischen Freitod gegen das Glückskind Bernini, dem Ruhm, Reichtum und Frauen in den Schoß zu fallen schienen. Bernini, Liebling der Mächtigen, der in 60 Jahren Schaffenszeit acht Päpsten diente, gewann das Duell. Auf den Spuren der beiden großen Maestri durch das Wunderreich ihrer Plätze, Kirchen, Paläste, Brunnen und Statuen. Dauer: 3–3,5 Stunden, beste Zeit: sonntagmorgens, wenn der Verkehr dünner ist.

Eine Oase inmitten der Stadt: Villa Borghese

Beginnen Sie Ihre »Tour de Barock« mit dem frisch und verjüngt dastehenden Palazzo der *Galleria Borghese (S. 47)*. Nirgendwo können Sie Berninis Anfänge als Bildhauer, vom noch etwas ungeschlacht wirkenden »David« bis zur strahlenden Nacktheit von »Apoll und Daphne«, besser bewundern als hier.

Schlendern Sie durch die Gärten der *Villa Borghese (S. 35)* über die Straße des »Dolce Vita«, die Via Vittorio Veneto zur *Piazza Barberini*, wo sich Bernini gleich zweimal verewigt hat. An der Ecke der Via Veneto und Via Basilio sprudelt der Bienenbrunnen, die *Fontana delle Api*. Die drei Bienen waren das »Logo« der mächtigsten Papstfamilie Barberini. Mitten auf der öden Piazza versprüht Berninis elegante *Fontana del Tritone (S. 29)* die Leichtigkeit des Seins. Da hockt der sinnenfrohe Neptun auf der Muschelschale, getragen von vier grazilen Delphinen. An manchen Tagen werden Sie einen Mann in Fantasiekleidung vor dem Brunnen tanzen sehen. Das ist der irre *Ballerino di Piazza Barberini*, ein moderner Hofnarr, den auch Meister Bernini gern hätte gewähren lassen.

Wenn Sie in die steile Via Quattro Fontane einbiegen, sehen Sie linker Hand die dreistöckige Fassade des *Palazzo Barberini (S. 48)*, an der sich erst Borromini versuchte, und wo dann doch wieder Erzfeind Bernini mit einer harmonischen Synthese von dorischen, ionischen und korinthischen Säulen triumphierte.

An der Vierbrunnen-Kreuzung biegen Sie in die lange, gerade Via Quirinale ein, wo Sie erneut Zeuge der giftig-kreativen Konkurrenz der Baumeister werden. In der Kirche Insider Tipp *San Carlo alle Quattro Fontane*, von den Römern S. Carlino genannt, hat Borromini mit sparsamen Materialien einen grazilen, doch streng gegliederten, querovalen Kirchenraum geschaffen, der die Illusion von Höhe gibt. Kollege Bernini hat wie üblich nicht gekleckert, sondern geklotzt. Die zweistöckige, längsovale *S. Andrea al Quirinale (S. 30)*, beliebte Hochzeitskirche der feinen Römer, ist innen ein Rausch in Altrosa, Weiß und Gold.

Unübersehbar die mächtige *Fontana del Quirinale (S. 28)*, wo die kolossalen Dioskuren-Statuen Kastor und Pollos, die aus den Konstantinsthermen stammen, einen Obelisken umklammern, den Kaiser Augustus als Souvenir aus Ägypten mitbrachte. Das Granitbecken stammt aus dem Forum Romanum. Papst Pius VII. ließ den kuriosen Brunnen vor dem *Palazzo del Quirinale (S. 34)*, der heute Sitz des Staatspräsidenten ist, aufstellen.

Wenn Sie auch weder das italienische Staatsoberhaupt in seinem Amtssitz noch die schönen Gärten des Palastes besuchen dürfen, genießen Sie wenigstens das weite Panorama von der *Piazza del Quirinale* über die Innenstadt, bevor Sie – an den Palastwachen in ihren Operettenuniformen vorbei – die flachen Stufen der Via Dataria hinabsteigen, bis Sie das Rauschen der *Fontana di Trevi (S. 28)* vernehmen. Roms lustvollster Brunnen stammt von Nicolas Salvi (1697 bis 1751), so haben Sie gelernt, aber wussten Sie, dass die Entwürfe und Skizzen ein gewisser Bernini angefertigt hat?

Mark-Aurel-Säule

Überqueren Sie die Via del Corso, schlendern Sie über die *Piazza Colonna (S. 36)* mit der Mark-Aurel-Säule, und schon sind Sie mitten in der politischen Arena des heutigen Italien. Vorbei am *Palazzo Chigi*, dem Regierungssitz, bis zur obeliskengeschmückten *Piazza Montecitorio*. Die elegante, geschwungene Fassade des *Palazzo Montecito-*

rio, die Bernini von 1650–55 stylte, erscheint jeden Abend zur »Tagesschau« im italienischen Fernsehen, denn hier ist der Sitz des Parlaments, hier wird gemauschelt, intrigiert und koaliert und oft genug die Regierung gestürzt.

Am *Pantheon (S. 26)* vorbei gelangen Sie zur kleinen, intimen *Piazza S. Eustachio*, wo Sie in der gleichnamigen Bar nicht nur den besten Kaffee Roms, sondern auch den Blick auf Borrominis bizarres Meisterwerk *S. Ivo della Sapienza* genießen können. Die Kirche hat den Grundriss einer Biene, womit der Meister seinem unbescheidenen Auftraggeber, Barberini-Papst Urban VIII., schmeicheln wollte – denn die Bienen schmücken ja das Wappen der Barberinis.

Nach der Überquerung des Corso Rinascimento gelangen Sie zur *Piazza Navona (S. 36)*. Genießen Sie die heiterste und herrschaftliche Bühne des Barock mit einem *tartufo* (Trüffeleis) auf der Terrasse des berühmten *Tre Scalini (S. 59)*, oder gönnen Sie sich wenigstens ein *gelato* aus der Hand, um auf dieser herrlichen Piazza dahinzuschmelzen, deren Herzstück Berninis *Fontana dei Quattro Fiumi (S. 28)* bildet. Und weshalb hält der Wassergott so abwehrend die Hand gegen die Kirche *S. Agnese*, als drohte diese einzustürzen? Die Kirche ist – Sie ahnen es – ein Werk des Widersachers Borromini.

Über die Via dei Coronari, früher Straße der Rosenkranzdrechsler, heute der Antiquitätenhändler, gelangen Sie an den Tiber, wo Kaiser Hadrian 136 n. Chr. die Brücke als Zugang zu seinem Mausoleum errichtete, auf dem heute die päpstliche Festung *Castel S. Angelo (S. 22)* thront. Doch erst Berninis beschwingte *Engelsstatuen* machten sie zur anmutigsten Brücke Roms. Der Meister hat die Himmelsboten mit sinnlichem Faltenwurf

Eine päpstliche Festung: Castel S. Angelo

ausgestattet und ihnen ein kokettes, eher irdisches Lächeln gegeben. Die letzte Station unseres Spazierganges ist die Apotheose, die 1667 vollendete *Piazza S. Pietro (S. 41)*. Es ist Berninis kühnste künstlerische Tat, vereint mit einer christlichen Intention. Denn der ellipsenförmige Petersplatz scheint die Christenheit mit offenen Armen aufzunehmen.

2 ROMANTIK: TRASTEVERE, GIANICOLO UND DER TIBER

Wenn Sie nach zahlreichen Museen, Foren und Antikensammlungen der große Klassik-Blues befällt und Sie, vom vielen Pflastertreten im historischen Zentrum müde gelaufen, Sehnsucht nach Grün verspüren, dann spannen Sie auf dem Gianicolo aus. Keine Angst, der kleine Bergrücken, der dem zwiegesichtigen römischen Gott Janus geweiht ist, hat weder Höhe noch Anforderungen der Dolomiten, aber mit seinen 84 m gehört auch er zu den klassischen sieben Hügeln. Dauer: 1–1,5 Stunden.

Beginnen Sie Ihren Spaziergang im alten Handwerkerviertel *Trastevere (S. 38)*, das immer mehr zum Schickimicki-Wohnort mit steigenden Mieten und attraktivem Nachtleben geworden ist. Dennoch ist der Charme der versteckten Gässchen im alten Viertel *Transtiberim* weiterhin ungebrochen.

Schlendern Sie durch die Via della Lungaretta oder irgendeine andere Gasse bis zur Piazza *S. Maria in Trastevere (S. 31)*, wo die älteste Marienkirche Roms mit einem goldenen Mosaik über der Vorhalle Ihnen entgegenfunkelt. Auf den Stufen des achteckigen Brunnens sitzen heute allerdings keine Studenten und Hippies mehr, die die Gäste des Restaurants nebenan mit Brunnenwasser bespritzen. Aber Achtung, Taschendiebe!!

Nehmen Sie die Via della Paglia und folgen der Via Garibaldi bis zur Kirche *S. Pietro in Montorio*, wo nach einer widerlegten Legende Petrus gekreuzigt worden sein soll. Uns interessiert vor allem der zierliche *Tempietto di Bramante* im Innenhof des angrenzenden Franziskanerklosters, ein Meisterwerk der Hochrenaissancearchitektur in Kleinformat. In diesem Zentralbau mit seinen umlaufenden Säulen ist schon mache diskrete Hochzeit, versteckt vor der Öffentlichkeit, gefeiert worden.

Folgen Sie der Via Garibaldi (kürzer ist die Abkürzung über die Stufen von S. Pancrazio), bis Sie das Rauschen der *Acqua Paola* vernehmen. Papst Paul V. ließ die pompösen Wasserspiele, die das lebenswichtige Nass im wieder hergestellten Aquädukt aus der Kaiserzeit lieferten, 1612 von Carlo Maderno bauen. Wenn Sie es einrichten können, seien Sie mittags auf der *Piazza Garibaldi* zur Stelle, wo, wie in alten Tagen, um Punkt 12 Uhr 21-mal Salut geschossen wird. Vom Platz mit dem markanten Reiterstandbild des italienischen Freiheitshelden Giuseppe Garibaldi (1807–82) haben Sie einen der schönsten Ausblicke auf die Kuppeln und Paläste Roms.

Es gibt viele Bronzekavaliere auf der Welt, aber nur wenige Reiterinnen-Standbilder. Folgen Sie dem Weg bis zu der außergewöhnlichen

Dame hoch zu Ross, die Pistole in der Hand, ihr Söhnchen im Arm. Die Statue zeigt *Anita Garibaldi Ribeiro*, die an der Seite des italienischen Freiheitskämpfers durch die Kontinente zog. Die Brasilianer haben die Reiterstatue ihrer Landsmännin als Dank für ihren und Garibaldis Einsatz für die brasilianische Unabhängigkeit gewidmet.

Machen Sie auf Ihrem Spaziergang einen letzten poetischen Halt im Kloster *S. Onofrio*, einem Platz, der Stendhal seinerzeit zum Sterben schön erschien. Nicht nur wegen des herrlichen Blickes, sondern weil hier der Dichterfürst Torquato Tasso am 25. April 1595, am Vorabend seiner Dichterfeier auf dem Kapitol, verstarb. Nach einem Besuch der Fresken im Klosterinnenhof steigen Sie die Salita S. Onofrio hinab zur *Piazza delle Rovere*, wo der Tiber und der Verkehr Sie wiederhat.

3 UNBEKANNTES ROM: VON DER GRÜNDERZEIT ZUR MODERNE

Machen Sie eine originelle Rundfahrt mit den Straßenbahnlinie 19 und 3. Die Tram fährt Sie im Dreiviertelkreis um Rom, durch unbekannte Gründerzeit- und Jugendstilviertel bis in die Moderne. Beste Zeit: sonntags, da dauert die Fahrt eine Dreiviertelstunde, alltags anderthalb (Fahrschein 80 Cent).

Linie 19 bringt Sie von der Piazza Mancini (Nähe Foro Italica und Ponte Duca d'Aosta) an der *Villa Giulia (S. 50)*, der einstigen Sommerfrische Papst Julius' III. (1550 bis 1555) und heutigem Etrusker-

Mit der Straßenbahn durchs unbekannte Rom

Museum, vorbei durch die grüne *Villa Borghese (S. 35)* bis zur *Galleria Communale d'Arte Moderna (S.47)*, wo Sie van Gogh, Klimt und de Chirico einen Besuch abstatten können. Hier sollten Sie in die Linie 3 (früher 30\) umsteigen, die Sie dann im Halbkreis ums Zentrum bis zur Endstation Stazione Trastevere (Piazzale F. Biondo) auf dem anderen Tiber-Ufer bringen wird. An der Piazza Ungheria, einst Treffpunkt reicher Faschisten, beginnt die lange Prachtstraße Viale Regina Margherita. Legen Sie einen Zwischenstopp an der *Piazza Buenos Aires* ein, denn da beginnt Insider Tipp das wundersame Viertel um die *Piazza di Mincio*, dessen Architektur stark vom Jugendstil (Italienisch: *Stile Liberty*) beherrscht wird; Märchenschlösser aus der Prä-Disney-Zeit und Feenhäuser, die der überkandidelte Architekt Gino Coppedè (1866–1927) entwarf. Die Tram 3 bringt Sie durchs Universitätsviertel, San Lorenzo, Porta Maggiore und Colosseum bis zur *Piramide di Cestio (S. 26)*. Am Sonntagmorgen können Sie dann gleich noch einen Bummel über den Flohmarkt *Porta Portese (S. 69)* einlegen und dann vom Viale Trastevere die Tram 8 zurück zum *Centro Storico*, Largo Torre Argentina, nehmen.

Römische Villen, Wasserspiele und Meer

Nach Tivoli zur Villa Ariana und Villa d'Este, zu den Etruskergräbern in Ceveteri, zu den Ruinen von Ostia Antica und zum Baden nach Ostia

Latium, die Region um Rom, war im 18. und frühen 19. Jh. das, was die Toskana heute symbolisiert: Arkadien, Traumziel aller Künstler und Bildungsreisenden. Generationen von Malern und Schriftstellern ergötzten sich damals an der wildromantischen Landschaft zwischen den grünen Grabhügeln Etruriens, den Sabiner Bergen und dem Monte Circeo am Meer, wo einst die Zauberin Circe Odysseus bezirzt haben soll. Goethe und Tischbein, Shelley und Keats, Chateaubriand oder Gregorovius waren von einer der ältesten Kulturlandschaften Europas fasziniert, wo man Etruskergräber und römische Ruinen, mittelalterliche Städte und prächtige Renaissancepaläste findet.

Noch heute zieht es die Römer an jedem schönen Wochenende *in campagna* oder *al mare*, was regelmäßig zu Staus und Chaos führt. Mancherorts hat der Charme der alten *campagna* durch die wilde Bebauung des römischen Umlandes gelitten, wovon besonders die *Castelli Romani*, die einst so liebliche Weingegend um Frascati, betroffen sind. Aber es gibt für Sie immer noch Einzigartiges zu entdecken. Sie erkunden Latium am besten per Auto, doch es geht, wenn auch etwas umständlich, ebenso mit Bus und Zug. Zu den wichtigsten Städten gibt es von Rom Bahnverbindungen. Kleinere Orte werden mit den blauen Cotral-Bussen angefahren *(Haltestellen an den Metrostationen Rebibbia, Anagnina, EUR Fermi, Saxa Rubra und Via Lepanto)*.

Wasserspiele der Villa d'Este in Tivoli

TIVOLI: VILLA ADRIANA UND VILLA D'ESTE

[127 F3] Ein Nachmittag in Tivoli sei »das Glück im Quadrat«, lässt Max Frisch seinen »Homo Faber« schwärmen. Unter den vielen Villen in Latium ist die Villa Adriana einzigartig und gilt, zusammen mit dem Besuch der Renaissancegärten der Villa d'Este,

als der schönste klassische Ausflug. Villa d'Este liegt direkt in Tivoli, einem lebendigen Städtchen 32 km östlich von Rom, Villa Adriana ca. 6 km südwestlich davon. Anfahrt: Über die Via Tiburtina, Settecamini bis zum Ort namens Villa Adriana, dort rechts Schildern zur Villa Adriana folgen. Per Bus: blauer Cotral-Bus ab Metro B: Rebibbia bis Tivoli Centro, von dort Shuttle bis zur Villa Adriana.

Auf der Fahrt entlang der Ausfallstrasse Via Tiburtina passieren Sie wild wuchernde Vorstädte, Fabrikanlagen und den Ort *Bagni di Tivoli*, dessen berühmte Schwefelquellen Ihnen lange vorher in die Nase stechen. Doch die *Villa Adriana*, die kaiserliche Villa, kurz vor der Stadt Tivoli, liegt in einem herrlichen Stück Campagna mit Eichen, Pinien und Zypressen. Kaiser Hadrian (76–138 n. Chr.) hatte auf seinen Reisen und Kriegszügen das gesamte Imperium gesehen, bevor sich der weitsichtige Lenker Roms hierher zurückzog und seine Sommerresidenz zum ständigen Wohnsitz umbaute. Fasziniert von seinen Reiseeindrücken ließ der Philosoph nicht nur einen Palast, sondern sozusagen die erste antike Weltausstellung bauen, wo er seinen Besuchern, Beamten und Senatoren die Highlights der Römischen Zivilisation vorführen konnte: das Lyzeum und die Stoa Poikile, das Tor der Agora in Athen, kleine und große Thermen, das Tempe-Tal in Thessalien, den Nilkanal zwischen Alexandria und Kanopus, den ein steinernes Nilkrokodil, vier Karyatiden, Amazonen und eine römische Kopie der Aphrodite von Knidos schmücken.

Im Garten der Villa Adriana

Seine Mußestunden verbrachte der Kaiser im bizarren Teatro Marittimo, einem kreisrunden, von Wasser umgebenem Inseltempel zwischen Philosophensaal, griechischer und lateinischer Bibliothek. Vielleicht trauerte er dort auch um seinen früh verstorbenen Freund Antinous, dessen Statuen, allesamt makellos schön wie Apoll, jeden Winkel seiner Residenz schmücken.

Hadrian starb 138 n. Chr. mit 62 Jahren. Über Jahrhunderte wurde die Villa geplündert, die Mosaiken zerstört und die Bauten als Marmorbruch missbraucht. Erst der kunstsinnige Kardinal Alessandro Farnese machte hier im 16. Jh. erste Ausgrabungen, die Kardinal Ippolito d'Este, seit 1550 päpstlicher Verwalter, im eigenen Interesse fortführte, um seine Villa d'Este im vier Kilometer entfernten Tivoli auszuschmücken. *(Villa Adria-*

na, Tel. 07 74 38 27 33, tgl. 9 Uhr bis eine Stunde vor Sonnenuntergang, Eintritt 6 Euro, unter 18 und über 65 Jahren frei, EU-Jugendliche von 18 bis 25 Jahre 3 Euro)

Von den zahlreichen Wasserspielen der *Villa d'Este* in Tivoli lassen sich bis heute Tag für Tag unzählige Besucher verzaubern. Kardinal Ippolito (1509–72) ließ den terrassenförmigen Garten zu Füßen seiner Prunkvilla anlegen. Bis zu 500 Brunnen und Fontänen plätschern, murmeln, sprühen gleichzeitig aus steinernen Becken und bringen Klang und Farbe in den Renaissancepark. Das ganze Spektakel wird von der *fontana dell'organo idraulico*, einem Wunderwerk von Wasserorgel, inszeniert, die die Gewässer des Flüsschens Aniene verteilt. *(Tivoli, Piazza Villa d'Este, Tel. 077 44 31 20 70, tgl. 9 Uhr bis eine Stunde vor Sonnenuntergang, Eintritt 6 Euro, unter 18 und über 65 Jahre frei, EU-Jugendliche von 18 bis 25 Jahre 3 Euro)*

Wer noch Lust hat, kann die päpstliche *Villa Gregoriana* besuchen, die Gregor XVI. 1831 hier anlegen ließ und sich dabei an den Cascatelle, den 160 m hohen Aniene-Wasserfällen berauschte. *(Tivoli, Largo S. Angelo, tgl. 9 Uhr bis eine Stunde vor Sonnenuntergang, Eintritt 1,8 Euro, bei Regen wegen Rutschgefahr geschl.)*

nsider pp

Viele Besucher aber werden lieber gleich die Kunst mit Genuss verbinden und im Garten des *Antico Ristorante Sibilla* direkt neben dem römischen Sibyllentempel speisen, dessen kreisrunde Anlage schon zahlreichen Landschaftsmalern des 18. und 19. Jhs. Motiv stand. *(Mo geschl., Via della Sibilla 50, Tel. 07 74 33 52 81, €€)*

Blick auf Tivoli

CERVETERI – AUF DEN SPUREN DER ETRUSKER

[126 A3] Cerveteri liegt 44 km nordwestlich von Rom. Nicht vergessen: Badezeug mitnehmen, denn nach dem archäologischen Ausflug können Sie sich am langen, schwarzen Strand von Ladispoli oder im hellen Sand von Fregene, dem Prominentenstrand der Römer, entspannen.
Anfahrt: Cerveteri, Autobahn A12 oder SS1 Via Aurelia. Per Zug: Nahverkehrszug nach Ladispoli (Richtung Grosseto, alle 30 bis 50 Min.) von der Stazione Termini, umsteigen in den blauen Cotral-Bus nach Cerveteri, gut einstündiger Fußmarsch bis zu den Nekropolen, im Sommer Pendelbus.

Noch immer streiten die Archäologen und Historiker, ob die Etrusker nun aus Kleinasien einwanderten oder als die Ur-Lateiner überhaupt gelten. Zu Zeiten jedenfalls, als das alte Rom kaum mehr als ein Dorf war, galt die Etruskerstadt *Caere*, das heutige Cerveteri, mit 100 000 Einwohnern als eines der größten und blühensten Gemeinwesen des Mittelmeeres. Die Etrusker waren Spezialisten in der Metallgewinnung und -veredelung und schufen in Latium eine Hochkultur, deren Zeugnisse, kunstvolle Bronzen und Sargskulpturen Sie vielleicht schon im Etruskermuseum *Villa Giulia* in Rom *(S. 51)* besichtigt haben. Im 5. und 6. Jh. beherrschten die im Zwölferbund zusammengeschlossenen Etruskerstädte das Tyrrhenische Meer und trieben mit Griechen, Phöniziern und Karthargern Handel. Danach begann ihr langsamer Abstieg – und der Aufstieg Roms. 90 v. Chr. wurde *Caere* als einfaches *municipium* dem *caput mundi* (Haupt der Welt) einverleibt. Zu Cäsars Zeiten sprach man kaum mehr etruskisch, doch etwas blieb: die Caerer hatten die Römer mit ihrem Totenkult und reichen Festspiele zu Ehren ihrer Götter beeindruckt, dass diese das Wort *»Caeremoniae»* prägten – der Beginn unseres Wortes Zeremonie.

Die etruskischen *Nekropolen* liegen etwas außerhalb von Cerveteri. Leider sind viele Rundgräber schon lange vor Ihrem Besuch von *tombaroli*, Grabräubern, geplündert worden. Glücklicherweise entging ihnen die *Tomba degli Alari*, ein Frauengrab, das 1905 mit komplettem Hausrat, Schmuck und Parfümfläschchen entdeckt wurde. Von den acht Gräbern der *Necropoli di Banditaccia*, die zur Besichtigung freigegeben sind, ist die *Tomba dei Rilievi*, das Reliefgrab, mit seinen Stuckdekorationen sicher das eindrucksvollste. *(Necropoli della Banditaccia: Tgl. 8.30 bis 19, im Winter bis 16 Uhr, Eintritt: 4 Euro)*. Die Grabbeigaben, Waffen und Kultgegenstände finden Sie im *Museo Nazionale Cerite* im *Castello Ruspoli*, einem Renaissancepalast an der Piazza S. Maria Maggiore in Cerveteri *(Di–So 8.30–19.30 Uhr, Eintritt frei)*.

OSTIA UND OSTIA ANTICA – RÖMISCHER KULTSTRAND UND KLASSISCHE KULTUR

[126 A5–6] Strandrummel und stille Ruinenstadt, beides haben die Römer vor der Haustür, keine 30 km entfernt. Nicht vergessen: Badezeug für Ostia oder die südlich gelegenen Strandbäder Anzio und Nettuno, lange Hosen zum Strandreiten in Castel Fusano, Sonnencreme mit hohem Schutzfaktor.

Anfahrt: Mit dem Auto über die Autobahn 201 oder die Via del Mare. Mit der S-Bahn ab Magliana (Metro B): Ostia Antica bzw. Ostia Lido. Oder ab Stazione Ferrovie Roma – Lido di Ostia, Piazzale Ostiense (Piramide)

»Ah, bella Ostia,» schwärmen die *ragazzi*, wenn sie vom Strand- und Diskoparadies vor den Toren Roms sprechen. Das Meer ist zwar nicht türkisblau wie an der Costa Smeralda, aber die Wasserqualität hat sich in den letzten Jahren verbessert, Strände und Pinienhaine sind gepflegter und manche Badeanstalt wie der »Kursaal« hat einen eigenen Pool für diejenigen, die kein Meer mögen. Es gibt zwei Tauchclubs *(Villaggio Tognazzi, Tel. 065 65 08 62 und Blus Sub, Tel. 06 56 47 01 61)* und einen Reitstall im nahe gelegenen Castelfusano *(Maneggio Castelfusano, Via del*

Amphitheater in Ostia Antica

Circuito 68, Tel. 06 56 47 09 91), wo Strandreiten angesagt ist. Für Nachtschwärmer, die nach der Disko ins hell erleuchtete Meer tauchen möchten, organisiert die Stadt Ostia neuerdings *»Il Mare di Notte«*, das nächtliche Meer. Am Wochenende sind Ostia und alle anderen Strandbäder in der Umgebung natürlich völlig überfüllt.

Insider Tipp

Ostia ist bei der römischen Jugend Kult, *Ostia Antica* dagegen ist Kultur pur: Nur 5 km vom quirligen Strandbad liegt die stille Ruinenstadt, die einmal Roms »Tor zur Welt« war. *Ostia* heißt »Mündung«, aber der Hafen und Marinestützpunkt, der im 4. Jh. v. Chr. direkt an der Tibermündung lag, ist heute versandet. Ostias Blüte war in der frühen Kaiserzeit: Caligula stiftete die Wasserleitung, Claudius erneuerte das Hafenbecken und Nero ließ die *Caserma dei Vigili*, die Polizei und Feuerwehrkaserne einrichten. Schlendern Sie unter Pinien durch die antiken Ladenstraßen, vorbei am *Forum* mit seinen Tempeln und Thermen, Schenken, Reedereien, Wohnhäusern und Speichern *(Horrea)*. Im *Amphitheater* finden im Sommer manchmal noch Aufführungen statt.

Vergessen Sie nicht die von Augustus erbaute *Piazza degli Corporazioni*, den Zunftplatz hinter dem Theater, zu bewundern, wo Sie ein Beispiel für antikes Sponsoring sehen können: Die Nymphen, Meeresungeheuer und Schiffe auf den gut erhaltenen Mosaiken waren nicht nur Schmuck, sondern Werbefläche für die Logos der Handelshäuser, die ihrerseits das Theater finanzierten. *(Di–So 8.30 bis 18, im Winter bis 16 Uhr)*

Angesagt!

Events, Meetings und Aktionen, die Sie kennen und nicht verpassen sollten

Gladiatoren als Tatoo

Tatoos sind in. Die beliebtesten Motive des Jahres sind die Römische Wölfin und vor allem der Gladiator. Nicht nur wegen Russell Crowe im Hollywood-Film. Als nämlich Francesco Totti, Starspieler und Kapitän des Fußballclubs AS Roma, um die italienische Meisterschaft zitterte, schwor er seinen Fans, sich beim Sieg in der Fußballarena einen antiken Gladitatoren auf der Schulter einritzen zu lassen. Seit die AS Roma im

Frühjahr 2001 den Titel gewann , haben die Tätowierer Roms Hochkonjunktur: Totti und tausende von Fußballhelden tragen den antiken Athleten nun unterm Trikot. Die schönsten Tatoos macht *Gippy* in der *Via di Farnesi 72.* Gleich neben dem Palazzo Farnese.

Klassik und Rock vorm Barock

Zur *Estate Romana* von Juni bis August gibt es ein prallvolles Kulturprogramm: Klassische Konzerte auf dem Kapitol, Modern Dance, Flamenco und Ballett in vielen Palästen, Freilichtkino im Circo Massimo oder auf dem Colle Oppio, Modeschauen auf der Piazza Navona und Rock in der Villa Borghese. Infos: »Trova Roma«, Beilage der Tageszeitung »La Repubblica« oder *www.ital turismo.com\webcommune*

Skating auf Marmor

Die holprigen Gassen des Centro Storico eignen sich zwar nicht zum Rollerbladen – eher noch die Parks wie die Villa Borghese oder der Platz vorm Kolosseum. Doch das eigentliche Eldorado der Skater ist der glatt geschliffene Marmorboden des *Stadio dei Marmi* gleich neben dem Olympiastadion.

Hochzeiten auf italienisch

Der »schönste Tag des Lebens« wird in Rom noch immer mit allem Pomp begangen. Selbst bei einer ganz normale Hochzeit sind mindestens hundert Gäste anwesend, ein Vergnügen, das die Brauteltern so viel wie ein nagelneuer Sportwagen kostet. Dazu gehört natürlich auch ein professionelles Hochzeitsfoto. Vor allem im Mai, Oktober und November können Sie die Brautpaare – sie im weißen Märchengewand mit meterlanger Schleppe, er im Frack – beim obligaten Fototermin z.B. im lauschigen Park der Villa Celimontana oder auf den Stufen von Santa Maria del Popolo bewundern.

Von Anreise bis Zoll

Hier finden Sie kurz gefasst die wichtigsten Adressen und Informationen für Ihre Rom-Reise

ANREISE

Flugzeug

Alitalia und Lufthansa fliegen täglich mehrmals direkt Rom–Frankfurt, Rom–München und Lufthansa auch Rom–Düsseldorf. Der internationale *Flughafen Leonardo da Vinci* in Fiumincino liegt 32 km von Rom entfernt.

Eine Taxifahrt in die Innenstadt kostet samt Flughafenaufschlag rund 40 Euro. Billiger und schneller ist der Flughafenzug, der alle halbe Stunde (jeweils 7 bzw. 37 Minuten nach der vollen Stunde) zur *Stazione Termini* fährt (8,50 Euro, Tickets am Automaten vor dem Bahnsteig lösen).

Außerdem geht alle 20 Minuten ein *Flughafenvorortzug* (6–24 Uhr, 4,50 Euro), aber nur bis zur Stazione Trastevere. (Taxi in die Innenstadt ca. 9 Euro). Die Flughafenzüge von der Stazione Termini gehen um 21 bzw. 51 Minuten nach der vollen Stunde.

Bahn

Züge aus Deutschland, Österreich und der Schweiz kommen in der *Stazione Termini* an. Autoreisezüge halten in der *Stazione Tiburtina*.

Auto

Die *Autostrada del Sole* von Florenz führt auf den *Grande Raccordo Anulare (G.R.A.)*, so heißt die Ringautobahn um Rom. Nehmen Sie die Via Salaria, die Via Cassia oder Via Flaminia als Einfallstraße ins Zentrum. Von Süden, also Neapel empfehlen sich die Via Appia Nuova oder Via Casilina in die Innenstadt. Stets dem Zeichen »*centro*« folgen, sonst landen Sie in der Peripherie!

AUSKUNFT VOR DER REISE

Staatliches Italienisches Fremdenverkehrsamt ENIT

– Karl Liebknecht Str. 34, 10178 Berlin, Tel. 030/247 83 97, Fax 030/247 83 99, enit-berlin@t-online.de

– Kaiserstr. 65, 60329 Frankfurt/Main, Tel. 069/23 74 34, Fax 23 28 94. Kostenlose Prospektbestellung: Tel. 008 00 00 48 25 42

– Kärntnerring 4, 1010 Wien, Tel. 01/505 16 39 13, Fax 505 02 48

– Uraniastr. 32, 8001 Zürich, Tel. 01/211 30 61, Fax 211 38 85

AUSKUNFT IN ROM

APT Römisches Fremdenverkehrsbüro [121 D4]

Auskünfte und Hotelverzeichnis, doch keine Zimmervermittlung. *Mo–Sa 8.15–13, 14–19 Uhr, Tel. 06 48 89 92 53, Fax 064 81 93 16, Via Parigi 5, Metro A: Repubblica;*

Was, wann und wie?

Die aktuelle Rom-Auskunft

Rom ist ewig, aber nichts ändert sich so schnell wie Infos, Events, Öffnungszeiten und – im Zeichen des Euro – auch die Preise. Die Römer sind im Improvisieren leidvoll erfahren. Für Besucher hat die Stadt Rom ein Info-Telefon *(Tel. 06 36 00 43 99)* eingerichtet, wo Sie auf Taste 5 in Deutsch Buslinien, Veranstaltungen und Öffnungszeiten erfahren können. Infos auch im Internet unter *www.romaturismo.com/webcomune.*

Laufen Sie, wann immer Sie in der Nähe sind, auch die grünen Infopavillions an, die Karten, Prospekte und viele Tipps haben.

APT Flughafen Leonardo da Vinci **[126 B5]**, Fiumicino, Ankunftshalle, *8.15–19 Uhr, Tel. 06 65 95 44 71 und 06 65 95 60 74*

Infopavillons

Standorte: Castel S. Angelo *(Piazza Pia)* **[117 A1]**; Corso *(Via Minghetti)* **[116 D3]**; Via dei Fori Imperiali *(gegenüber vom Forum Romanum)* **[124 A1]**; Palazzo dell Esposizione *(Via Nazionale)* **[120 C5]**; Stazione Termini *(Gleis 4 und Piazza Cinquecento)* **[121 E5]**; Piazza Sonnino *(Trastevere)* **[123 D2]**; Santa Maria Maggiore **[121 D6]**; Piazza Cinque Lune *(nahe Piazza Navona)* **[119 E5]**; Piazza S. Giovanni in Laterano **[125 D3]**

Pilger- und Touristenbüro des Vatikans **[118 B5]**

In der linken Kolonnade des Petersplatzes, *Mo–Sa 8.30–18 Uhr, Tel. 06 69 88 48 66, Bus 64*

Touring Club Italiano **[119 D4]**

Reiseauskünfte für Italien, speziell für Autofahrer. Auch Straßenzustandsberichte. *Via del Babuino 20, Tel. 06 36 09 58 07, Bus 119*

Eisenbahn (FS) **[121 E5]**

Fahrplanauskünfte *7–21 Uhr, Tel. 147 88 80 88 und 14 73 01,* Reservierung über römische Reisebüros möglich oder DER-Reisebüro, *Piazza Esquilino 28, Tel. 064 82 75 31, Fax 06 48 45 77,* oder in der Stazione Termini, *7–20 Uhr*

BANKEN

Banken haben in der Regel *Mo bis Fr 8.30–13.30 und 15–16 Uhr* geöffnet, einige Geldinstitute auch *Fr 14.45–15.45 Uhr.* Gut, dass es die Geldautomaten gibt, denn Transaktionen bei italienischen Banken sind langwierig und bürokratisch, Euroschecks werden, wenn überhaupt, nur bis 200 Euro angenommen. *Wechselstuben (uffici cambio)* in der Vorhalle und im Souterrain der *Stazione Termini* **[121 E5]** *9–21 Uhr. American Express, Mo–Fr 9–12.30, Sa 9–12.30 Uhr, Tel. 066 76 41*

BENZIN

Der Liter Bleifrei kostet etwa 1 Euro. Auch wenn der Katalysator für manche Römer immer noch ein Fremdwort ist, so sind doch in den letzten Jahren alle Tankstellen mit bleifreiem Benzin *(benzina verde)* ausgerüstet worden.

DIEBSTAHL

Deponieren Sie größere Wertsachen im Hotelsafe und nehmen Sie nie zu viel Geld und möglichst keinen Schmuck mit. Ein Brustbeutel unter dem Hemd ist am sichersten. Vorsicht auf den Märkten, im Bus oder in der Straßenbahn! Handtaschen immer verschlossen und unter dem Arm gesichert tragen. Wenn doch einmal der Fall der Fälle eintritt, erstatten Sie Anzeige auf der *Questura* (Polizeibehörde). Dort gibt es Übersetzer zur Aufnahme des Schadensprotokolls. *Via Genova 2* **[120 C5]**, *Tel. 06 46 86, Bus 70, 71, 60, 64, Metro A: Repubblica*

DIPLOMATISCHE VERTRETUNG

Deutsche Botschaft und Konsulat **[121 E4]**

Gemeinsamer Sitz seit 1998 in der *Via San Martino della Battaglia 4 (Nähe Termini), Tel. 06 49 21 31, Sprechzeit: Mo–Fr 9–12 Uhr, Sa und So telefonischer Notdienst, Metro B: Castro Pretoria oder Termini, Bus 75*

Schweizer Botschaft und Konsulat **[O]**

Via B. Oriani 61, Tel. 068 08 83 61, Bus 53, 217

Österreichisches Konsulat **[121 D1]**

Viale Liegi 32, Tel. 068 08 08 71, Bus 52, 53

FAHRRÄDER & MOPEDS

Fahrradverleihe im historischen Zentrum sind z. B. zu finden bei der Piazza Navona **[116 D3]**, Metro-Station Piazza di Spagna **[120 B4]**, Piazza del Popolo **[120 A3]**. Mopeds bei: *I bike Rome, Via Veneto 156* **[120 C4]**, *Tel. 063 22 52 40,* ca. 35 Euro/Tag; *Rent a Scooter, Via Filippo Turati 50* **[121 F6]**, *Tel. 064 46 92 22,* ab 30 Euro/Tag

Parken und Scooter

Superidee! Wenn Sie Ihren Wagen im *Parkhaus Villa Borghese* **[120 C3]** parken, bekommen Sie für nur 1,80 Euro die Stunde einen gelben Elektroroller geliehen, um durch die Innenstadt zu kurven. Als Vergleich: Normales Parken kostet 1,10 Euro die ersten drei Stunden, jede weitere Stunde 90 Cent

FERIEN

Zahlreiche Hotels und Restaurants – manchmal sogar Geschäfte – sind Anfang Januar und in der Zeit der italienischen Sommerferien, d.h. in den Wochen vor und um den 15. August *(ferragosto)* geschlossen. Um nicht enttäuscht zu werden, informieren Sie sich besser vorher.

FUNDBÜRO (UFFICIO OGGETTI RINVENUTI)

Städtisches Fundbüro – *Ufficio dei oggetti smarriti, Comune di Roma: Mo–Fr 8.30–16 Uhr, Via Bettoni 1* **[122 D5]**, *Tel. 065 81 60 40, Tram 8*

Für Züge: *Tel. 06 47 30 66 82, an Gleis 1, Stazione Termini* **[121 E5]**

INTERNET

Die Begeisterung fürs Internet ist vor allem bei jungen Italienern groß, die ihr Englisch ausprobieren wollen. Der Rest der Bevölkerung klebt lieber am *cellulare*, dem Handy. Behörden, Museen, Firmen, Kinos, Läden oder gar Verkehrsbetriebe stecken erst in den Anfängen des neuen Mediums, nur Hotels und Reisebüros – aber auch der Papst – haben die Chance von E-Mail und Internet rasch erkannt und umgesetzt.
Hotels: *www.venere.it*, Hotels, Bed and Breakfasts, Appartments
Museen: *www.beniculturali.it*, Museen, Ausstellungen (nur Ital.)
Rom-Tipps, Kultur und Sport: *www.romaturismo.com/webcomune*
Konzerte und Opern: *www.romamusica.org*
Musei Vaticani: *www.vaticano.va* (darunter auch Link zum Papst)

INTERNETCAFÉS

Easy Everything **[120 C4]**
Größter Internetpoint Roms mit 350 Bildschirmen rund um die Uhr, 30 Minuten für 1,50 Euro. Von 2 bis 7 Uhr morgens dürfen Sie für 1,50 Euro drei Stunden surfen. *Via Barberini 2, www.easyeverything.com/italy*

Thenet **[119 F5]**
Kleines Internet-Cafe, nur 25 Bildschirme, nicht weit vom Parlament. *Piazza Firenze 25, Mo–Sa 10.30 bis 20, So 16–20 Uhr*

Xplore **[118 C3]**
Bester Onlinetreff unweit vom Petersdom *Via dei Gracchi 83/84, tgl. 10–20 Uhr*

HOTELRESERVIERUNG

Haben Sie noch kein Zimmer? Dann rufen Sie am besten die kostenlose Reservierung über *Tel. 066 99 10 00* an (auf Italienisch und Englisch, *tgl. 7–22 Uhr).*

NOTRUF

Polizei (Carabinieri): Tel. 112, 113
Krankenwagen (Ambulanza): Tel. 118
Ärztlicher Notdienst: Tel. 064 74 98
Kinderkrankenhaus (Ospedale dei Bambini de Gesù): Piazza S. Onofrio **[118 C6]***: Tel. 066 85 91*
Auto abgeschleppt (Rimozione): Commando dei Vigili urbani, Via della Consolazione 4 **[117 F5]***, Tel. 06 76 91*
Auto geklaut: Questura (Polizei- und Meldebehörde), Via Genova 2 **[120 C5]***, Tel. 06 46 86, 064 68 61 (dort Übersetzer zur Aufnahme des Schadensprotokolls)*
Pannenhilfsdienst des ACI: Tel. 116
Pannendienst FADAM (rund um die Uhr): Tel. 065 56 28 96
ADAC: Tel. 02 66 15 91 (Mailand)

ÖFFENTLICHE VERKEHRSMITTEL

Das *BIT (biglietto integrato a tempo)*, also die Gemeinschaftsfahrkarte für Bus und U-Bahn kostet 80 Cent (einfache Fahrt, 75 Min. gültig), den Übersichtsplan *»Metrobus«* erhalten Sie am Zeitungskiosk. Fahrkarten müssen Sie vorher kaufen: bei den *ATAC*-Büros (Römische Verkehrsbetriebe), etwa vor der Stazione Termini **[121 E5]**, Piazza S. Silvestro **[117 F1]** oder in den vielen Bars, Tabakläden und Zei-

tungskiosken mit dem schwarz-rot-gelben *ATAC*-Schildchen. Der Zehnerblock kostet 8 Euro. Die Tageskarte *(biglietto integrato giornaliero)* kostet 3 Euro, die Wochenkarte 12 Euro für Bus und U-Bahn.
Rom hat nur zwei Metrolinien. Linea A: Musei Vaticani bis Anagnina (Vorort im Südosten Richtung Castelli Romani) bis 23.30, Sa bis 0.30 Uhr. Linea B: Rebibbia bis EUR-Laurentina, verkehrt ebenfalls bis 23.30, Sa bis 0.30 Uhr. Es gibt Fahrkartenautomaten in den Eingangsbereichen, aber bitte das nötige Kleingeld bereithalten!

POST

Die italienische Post ist äußerst langsam. Wenn es wirklich schnell gehen soll, benutzen Sie die *posta prioritaria*, einen Expressaufschlag für 62 Cent, oder die wesentlich zuverlässigere Vatikanpost auf dem Petersplatz. *Postgebühren*: Ansichtskarten und Briefe in EU-Länder und in die Schweiz kosten 41 Cent.
Öffnungszeiten der Postämter: Mo–Fr 8–14, manche auch 16–19, Sa 8–12 Uhr; Hauptpost Piazza S. Silvestro **[117 F1]**, *Mo–Fr 9.30–18, Sa 9.30–14 Uhr; Postanweisungen Mo–Fr 9.30–14.30 Uhr, Telegrammannahme Tag und Nacht, Telegrammaufnahme ins Ausland Tel. 185*

PREISE

Generell lebt es sich in Italien etwas billiger als in Deutschland, Textilien und Restaurants sind im Schnitt 10 Prozent billiger, Bus- und U-Bahntickets deutlich günstiger, Hotelübernachtungen und Taxifahrten etwa gleich teuer.

STADTRUNDFAHRTEN

Linien 116, 117, 119
Die besten Romrouten: Bus 116 schaukelt Sie von der Villa Borghese **[120 B–C1]** (Piazzale Brasile) über die Via Veneto, Piazza del Parlamento, Corso Rinascimento, Corso Vittorio Emanuele, Campo de'Fiori bis zur Via Giulia; Bus 117 von der Piazza del Popolo **[120 A3]**, Piazza Venezia, Via dei Fori Imperiali, Colosseo bis zur Villa Celimontana; Bus 119 von der Piazza del Popolo **[120 A3]** zur Via Veneto. *80 Cent, Mo–Fr 8–21, Sa 8–24 Uhr, So nie!*

Archeobus zur Via Appia
Der Archeobus der *ATAC* (römische Verkehrsbetriebe) fährt *9–18 Uhr stündlich* von der Piazza S. Marco, unterhalb des Campidoglio **[117 F4]** zur Via Appia Antica. Sie können auch unterbrechen und mit dem nächsten Bus weiterfahren. *Fahrpreis 7,5 Euro.*

Linie 110 **[121 E5]**
Rundfahrt (2 Std.) zu den Sehenswürdigkeiten von Rom. *Abfahrt vor Stazione Termine, Piazza dei Cinquecento, 9–20 Uhr jede halbe Stunde, 7,50 Euro, falls Sie die Fahrt unterbrechen möchten 12,50 Euro.* Tgl. um *10.30 und 15 Uhr* 2,5-stündige Tour zu den großen Wallfahrtskirchen mit Besichtigungsstopp am Petersdom, Lateransbasilika und S. Paolo fuori le Mura.

City Tours CSR **[121 E5]**
Von der Villa Borghese über Piazza Navona, Kolosseum, Via Appia Antica bis S. Maria Maggiore: 14 klassische Haltestellen im »Hop-on-hop-off«-Verfahren. *Vom 1. April bis*

Wetter in Rom

	Jan.	Feb.	März	April	Mai	Juni	Juli	Aug.	Sept.	Okt.	Nov.	Dez.
Tagestemperaturen in °C	11	13	16	19	23	28	31	31	27	21	16	12
Nachttemperaturen in °C	4	5	7	10	13	17	20	20	17	13	9	5
Sonnenschein Std./Tag	4	4	5	7	8	10	11	10	7	6	5	4
Niederschlag Tage/Monat	8	9	8	8	7	4	2	2	5	8	10	10
Wassertemperaturen in °C	14	13	13	14	17	21	23	24	23	20	18	15

31. Oktober tgl. ab 9.30 Uhr jede Stunde, Piazza Cinquecento (Termini), Tageskarte 10 Euro.

Carrani Tours **[121 D4]**
Tgl. 9 und 15 Uhr, 25 Euro, Via V. E. Orlando 95, Tel. 06 48 90 35 91, 064 74 25 01

TABACCHI

Sie sind beinahe die wichtigsten Läden, nicht nur für Raucher. Denn sie verkaufen außer Tabakwaren auch Busfahrscheine, Salz und Briefmarken. Schauen Sie nach einem meist an der Hauswand befestigten schwarzen Schild mit weißem »T«.

TAXI

Lassen Sie sich entweder im Hotel ein Funktaxi rufen oder stehen Sie Schlange an den Taxiständen. Nehmen Sie am Bahnhof oder Flughafen nur die offiziellen Taxen, und hören Sie nicht auf den Ruf »*tassi, tassi*« der Schwindler, sonst könnte die Fahrt Sie teuer zu stehen kommen.
Taxi fahren ist gleich teuer wie in Deutschland, die Zähler sind geeicht. Der Grundpreis beträgt 23 Euro, der Nachttarif ab 22 Uhr kostet 2,50 Euro extra, Sonn- und Feiertage 1 Euro Aufschlag, jedes Gepäckstück 50 Cent zusätzlich. Die Fahrer berechnen 7 Euro extra für die Fahrt zum Flughafen und 5,50 Euro extra zurück. *Funktaxen Tel. 06 49 94, 06 66 45, 06 35 70 und 06 41 57*

TELEFON & HANDY

Erfunden wurde es anderswo, aber erschaffen wurde das *cellulare* oder *telefonino* offenbar für *Bella Italia*. Tag und Nacht leben die Italiener in einem permanenten Handyrausch. Die Tragbaren in Zwergformat sind immer dabei, sie bimmeln, schnurren und vibrieren unentwegt – was niemanden weiter stört.
Wenn Sie mithalten wollen und von den überteuerten Telefongebühren der Hotels unabhängig sein möchten: Das D-Netz funktioniert überall. In Rom fallen Sie meist ins Netz der *TIM (Telecommunicazione Italiana Mobile)* Die Minute in Italien kostet Sie um die 25 Cent, die Minute nach Deutschland zwischen 40 Cent und 1 Euro.
Falls Sie konventionell und billiger telefonieren wollen, kaufen Sie sich eine *carta telefonica* (Telefonkarte) für 2,50 oder 7,50 Euro im Tabakladen und telefonieren von der Zelle.
Wichtig: Die ehemaligen italienischen Vorwahlen wurden in die Rufnummern integriert, alle römi-

Was kostet wie viel?

Kaffee	**80 Cent** in der Stehbar für eine Tasse Espresso
Eis	**1,50 Euro** für zwei Kugeln Eis
Wein	**1,50 Euro** für ein Glas Wein
Wasser	**1 Euro** für Mineralwasser/Cola
Benzin	**1,50 Euro** für einen Liter Super
Busfahrt	**80 Cent** für eine Busfahrkarte

Scippatori

Vorsicht, Handtaschenräuber!

Sie sind Artisten, die *scippatori*. Zu zweit hocken sie auf der Vespa, der Fahrer gibt Gas, und der Sozius entreißt Ihnen die Tasche. So manche Touristin wurde schon am Riemen ihrer Handtasche übers Pflaster geschleift. Am besten, Sie lassen Ihre neue Schweinslederne im Hotel und versenken das Portemonnaie tief in die Hosentasche – es sei denn, Sie sind Weltmeister im Freistil.

Achtung auch in öffentlichen Verkehrsmitteln, in der Metro und besonders im Bus 64 von der Stazione Termini zum Vatikan. Die jungen Roma-Mädchen mit Babys auf dem Arm, die so treuherzig gucken, sind Meisterdiebinnen, die schon so manche fremde Geldbörse oder Armbanduhr haben mitgehen lassen.

schen Nummern beginnen daher mit 06 – egal, ob Sie sie innerhalb der Stadt selbst telefonieren, aus dem übrigen Italien Rom anwählen oder aus dem Ausland.

Internationale Telefonzentren der *Telecom* (Telefongesellschaft) an der Piazza S. Silvestro **[117 F1]** (bei der Hauptpost), am Bahnhof **[121 E5]** oder in der Nähe der Piazza Navona **[116 D2]**. Drei Minuten nach Deutschland kosten ca. 2,50 Euro. So wählen Sie richtig: 0049 Vorwahl für Deutschland, dann Vorwahl der Stadt ohne die erste 0

Vorwahl Österreich: 0043

Vorwahl Schweiz: 0041

Vorwahl für Rom aus Deutschland, Österreich, Schweiz: 0039

THEATERKARTEN

Karten gibt es für die Oper in der *Villa Borghese* **[120 C2]** (leider nicht mehr Terme di Caracalla) (Juli, August) und das *Teatro dell'Opera* (Opernhaus) an der Piazza Beniamino Gigli 8 **[121 D5]**. *Informationen: Tel. 06 48 16 02 55, Kartenvorbestellung unter: Tel. 06 48 12 55 und 167 01 66 65;* Kartenverkauf für beide Opern an der Kasse des *Teatro dell'Opera, Piazza B. Gigli, tgl. 10–13 und 17–19 Uhr.* Opern- und Konzertinfo*: www.romamusica.org*

TRINKGELD

Hier ein paar Vorschläge: Gepäckträger 1 Euro, Zimmermädchen 1 Euro für eine Übernachtung, 3 Euro die Woche, Portier 1 Euro, Kellner erhalten rund 5 Prozent der Gesamtsumme.

ZOLL

Innerhalb der EU dürfen Touristen alle Waren für den persönlichen Verbrauch in ihr Heimatland mitnehmen, z. B. 90 l Wein, 800 Zigaretten. Für Schweizer gelten wesentlich engere Mengenbeschränkungen, u. a. 2 l Wein, 200 Zigaretten.

Parli italiano?

»Sprichst du Italienisch?«
Dieser Sprachführer hilft Ihnen, die wichtigsten Wörter und Sätze auf Italienisch zu sagen

Zur Erleichterung der Aussprache:

c, cc	vor »e, i« wie deutsches »tsch« in deutsch, Bsp.: die**c**i, sonst wie »k«
ch, cch	wie deutsches »k«, Bsp.: pa**cch**i, **ch**e
ci, ce	wie deutsches »tsch«, Bsp.: **ci**ao, **ci**occolata
g, gg	vor »e, i« wie deutsches »dsch« in Dschungel, Bsp.: **g**ente
gl	ungefähr wie in »Familie«, Bsp.: fi**gl**io
gn	wie in »Kognak«, Bsp.: ba**gn**o
sc	vor »e, i« wie deutsches »sch«, Bsp.: u**sc**ita
sch	wie in »Skala«, Bsp.: I**sch**ia
sci	vor »a, o, u« wie deutsches »sch«, Bsp.: la**sci**are
z	immer stimmhaft wie »ds«

Ein Akzent steht im Italienischen nur, wenn die letzte Silbe betont wird. In den übrigen Fällen haben wir die Betonung durch einen Punkt unter dem betonten Vokal angegeben.

AUF EINEN BLICK

Ja./Nein.	Sì./No.
Vielleicht.	Fọrse.
Bitte./Danke.	Per favọre./Grạzie.
Gern geschehen.	Non c'è di che!
Entschuldigen Sie!	Scụsi!
Wie bitte?	Cọme dịce?
Ich verstehe Sie/dich nicht.	Non La/ti capịsco.
Ich spreche nur wenig ...	Pạrlo sọlo un po'di ...
Können Sie mir bitte helfen?	Mi può aiutạre, per favọre?
Ich möchte …	Vorrẹi …
Haben Sie …?	Ha …?
Wie viel kostet es?	Quạnto cọsta?
Wie viel Uhr ist es?	Che ọre sọno?/Che ọra è?

KENNENLERNEN

Guten Morgen!/Tag!	Buon giọrno!
Guten Abend!	Buọna sẹra!

Gute Nacht!	Buọna nọtte!
Hallo!/Grüß dich!	Ciạo!
Wie geht es Ihnen/dir?	Cọme sta?/Cọme stai?
Danke. Und Ihnen/dir?	Bẹne, grạzie. E Lei/tu?
Ich heiße…	Mi chiạmo…
Auf Wiedersehen!	Arrivedẹrci!
Tschüss!	Ciạo!
Bis bald!	A prẹsto!
Bis morgen!	A domạni!

UNTERWEGS

Auskunft

links	a sinịstra
rechts	a dẹstra
geradeaus	dirịtto
nah	vicịno
weit	lontạno
Wie weit ist das?	Quạnti chilọmetri sọno?
Ich möchte … mieten.	Vorrẹi noleggiạre …
… ein Auto …	… ụna mạcchina.
… ein Fahrrad …	… ụna biciclẹtta.
Bitte, wo ist …	Scụsi, dov'è …
… der Bahnhof?	… la staziọne?
… die Haltestelle?	… la fermạta?
Eingang/Einstieg	salịta/entrạta
Ausgang/Ausstieg	discẹsa/uscịta

Panne

Ich habe eine Panne.	Ho un guạsto.
Würden Sie mir einen Abschleppwagen schicken?	Mi potrẹbbe mandạre un cạrro-attrẹzzi?
Gibt es hier in der Nähe eine Werkstatt?	Scụsi, c'è un'officịna qui vicịno?

Tankstelle

Wo ist bitte die nächste Tankstelle?	Dov'è la prọssima staziọne di servịzio, per favọre?
Ich möchte … Liter …	Vorrẹi … lịtri di …
… Normalbenzin.	… benzina normale.
… Super./… Diesel.	… sụper./… gasọlio.
Voll tanken, bitte.	Il piẹno, per favọre.

Unfall

Hilfe!	Aiụto!
Achtung!/Vorsicht!	Attenziọne!
Rufen Sie bitte schnell …	Chiạmi sụbito …

… einen Krankenwagen.	… un'autoambulạnza.
… die Polizei.	… la polizịa.
Haben Sie Verbandszeug?	Ha materiạle di prọnto soccọrso?
Es war meine Schuld.	È stạta cọlpa mịa.
Es war Ihre Schuld.	È stạta cọlpa Sụa.
Geben Sie mir bitte Ihren	Mi dịa il Sụo
Namen und Ihre Anschrift!	nọme e indirịzzo, per favọre!

ESSEN/UNTERHALTUNG

Wo gibt es hier …	Scụsi, mi potrẹbbe indicạre …
… ein gutes Restaurant?	… un buọn ristorạnte?
… ein typisches Restaurant?	… un locạle tịpico?
Gibt es in der Nähe	C'è ụna gelaterịa qui
eine Eisdiele?	vicịno?
Reservieren Sie uns bitte	Può riservạrci per stasẹra un
für heute Abend einen	tạvolo per quạttro persọne?
Tisch für vier Personen.	
Auf Ihr Wohl!	(Ạlla Sụa) salụte!
Bezahlen, bitte.	Il cọnto, per favọre.
Hat es geschmeckt?	Andạva bẹne?
Das Essen war ausge-	(Il mangiạre) ẹra eccellẹnte.
zeichnet.	
Haben Sie einen	Ha un progrạmma dẹlle
Veranstaltungskalender?	manifestaziọni?

EINKAUFEN

Wo finde ich …	Dọve pọsso trovạre …
… eine Apotheke?	… ụna farmacịa?
… eine Bäckerei?	… un panifịcio?
… ein Fotogeschäft?	… un negọzio di artịcoli fotogrạfici?
… ein Lebensmittelgeschäft?	… un negọzio di gẹneri alimentạri?
… den Markt?	… il mercạto?
… einen Supermarkt?	… un supermercạto?
… einen Tabakladen?	… un tabaccạio?
… einen Zeitungshändler?	… un giornalạio?

ÜBERNACHTEN

Können Sie mir bitte …	Scụsi, potrẹbbe
empfehlen?	consigliạrmi …
… ein Hotel …	… un albẹrgo?
… eine Pension …	… ụna pensiọne?
Ich habe bei Ihnen ein	Ho prenotạto
Zimmer reserviert.	ụna cạmera.
Haben Sie noch …	È lịbera …

… ein Einzelzimmer?	… ụna sịngola?
… ein Zweibettzimmer?	… ụna dọppia?
… mit Dusche/Bad?	… con dọccia/bạgno?
… für eine Nacht?	… per ụna nọtte?
… für eine Woche?	… per ụna settimạna?
Was kostet das Zimmer …	Quạnto cọsta la cạmera …
… mit Frühstück?	… con la prịma colaziọne?
… mit Halbpension?	… a mẹzza pensiọne?

PRAKTISCHE INFORMATIONEN

Arzt

Können Sie mir einen guten Arzt empfehlen?	Mi può consigliạre un buọn mẹdico?
Ich habe Durchfall.	Sọffro di diarrẹa.
Ich habe …	Ho …
… Fieber.	… la fẹbbre.
… Kopfschmerzen.	… mal di tẹsta.
… Zahnschmerzen.	… mal di dẹnti.

Post

Was kostet …	Quạnto cọsta …
… ein Brief …	… ụna lẹttera …
… eine Postkarte …	… ụna cartolịna …
… nach Deutschland?	… per la Germạnia?

ZAHLEN

0	zẹro	19	diciannọve
1	ụno	20	vẹnti
2	dụe	21	ventụno
3	tre	30	trẹnta
4	quạttro	40	quarạnta
5	cịnque	50	cinquạnta
6	sei	60	sessạnta
7	sẹtte	70	settạnta
8	ọtto	80	ottạnta
9	nọve	90	novạnta
10	diẹci	100	cẹnto
11	ụndici	101	centoụno
12	dọdici	200	duecẹnto
13	trẹdici	1000	mịlle
14	quattọrdici	2000	duemịla
15	quịndici	10000	diecimịla
16	sẹdici		
17	diciassẹtte	1/2	un mẹzzo
18	diciọtto	1/4	un quạrto

Cityatlas Rom

Die Seiteneinteilung für den Cityatlas finden Sie auf dem hinteren Umschlag dieses Reiseführers

Kartenlegende Cityatlas

	Eisenbahn / Ferrovia Railway / Chemin de fer
	U-Bahn, mit Station / Metropolitana, con stazione Underground, with station / Métro, avec stations
	U-Bahn in Bau / Metropolitana in costruzione Underground in construction / Métro en construction
	U-Bahn in Planung / Metropolitana in progetto Underground projected / Métro en projet
	Straßenbahn / Tram Tramway / Tram
	Durchgangsstraße / Strada di transito Through road / Route de transit
	Fußgängerzone / Zona pedonale Pedestrian precingt / Zone piétonne
	Öffentliches Gebäude / Edificio pubblico Public building / Bâtiment public
	Park, Sportplatz / Parco, Campo sportivo Park, Sportsground / Parc, Terrain de sport
P P	Parkhaus, Parkplatz / Garage pubblico, Parcheggio Multi-storey car park, Car park / Parking couvert, Parking
TAXI	Post, Taxi / Ufficio postale, Tassi Post office, Taxi / Bureau de poste, Taxi
i P	Informationsbüro, Polizei / Ufficio informazione, Polizia Tourist information centre, Police / Office du tourisme, Police
	Brunnen, Theater / Fontana, Teatro Fountain, Theatre / Fontaine, Théâtre
	Landeplatz für Hubschrauber / Eliporto Heliport / Héliport
	Kirche, Denkmal / Chiesa, Monumento Church, Monument / Eglise, Monument

Stadtspaziergänge

1. Barock: Von der Villa Borghese zum Petersplatz
2. Romanik: Trastevere, Gianicolo und der Tiber
3. Unbekanntes Rom: Von der Gründerzeit zur Moderne

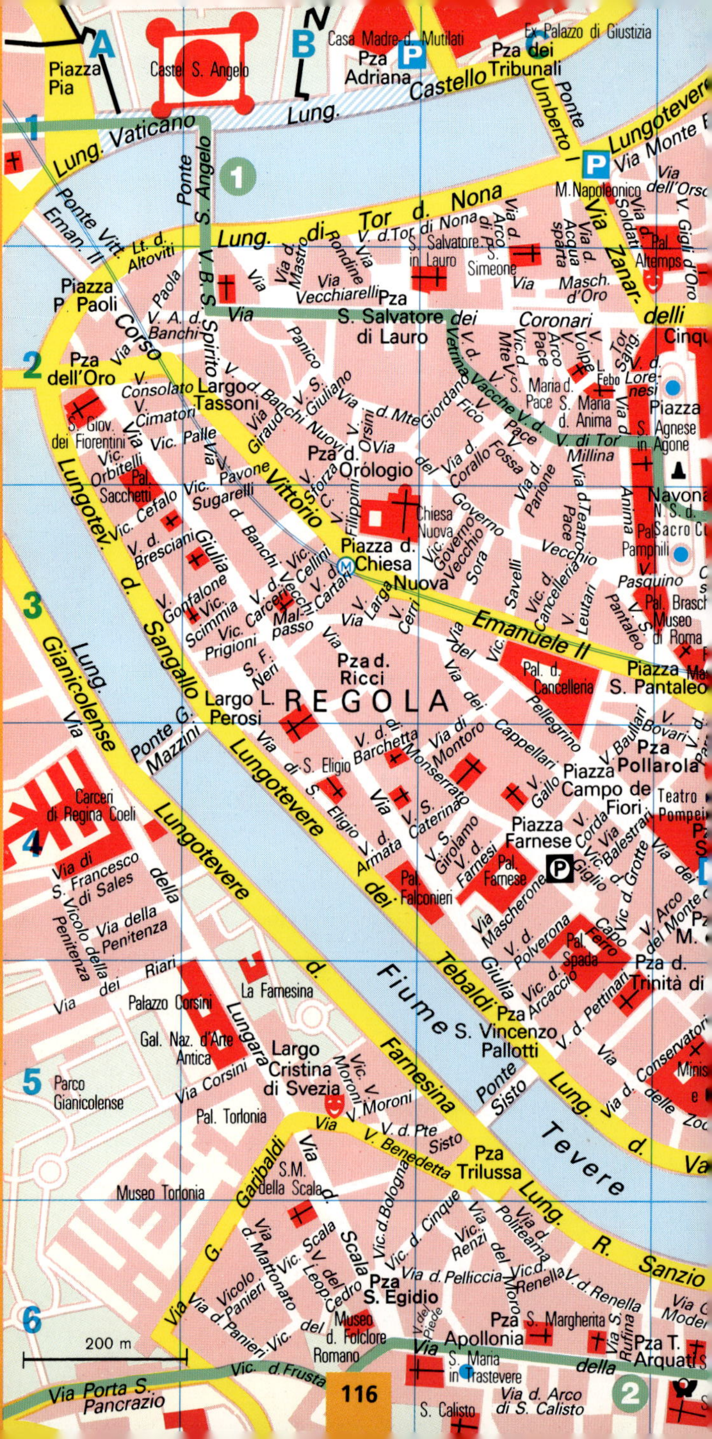

A
B
C
1
2
3
4
5
6
N
Piazza Pia
Castel S. Angelo
Casa Madre d. Mutilati
Pza Adriana
Castello
Ex Palazzo di Giustizia
Pza dei Tribunali
Lung.
Ponte Umberto I
Lungotevere
Via Monte B
Via dell'Orso
Lung. Vaticano
Ponte S. Angelo
Ponte Vitt. Eman. II
Lung. di Tor d. Nona
M. Napoleonico
Via Zanardelli
V. Gigli d'Oro
V. Soldati
Pal. Altemps
Lt. d. Altoviti
Via d. Mastro
Via di Rondine
V. d. Tor di Nona
S. Salvatore in Lauro
Via d. Arco di S. Simeone
Via d. Acqua sparta
Via d. Masch. d'Oro
Via Vecchiarelli
Pza S. Salvatore di Lauro
Via dei Coronari
Cinque
Piazza P. Paoli
Via Paola
V. A. d. Banchi
Via Panico
Corso
V. B. S. Spirito
2 Pza dell'Oro
V. Consolato
Largo Tassoni
V. d. Banchi Nuovi
V. S. Giuliano
V. Cimatori
Via Giraud
S. Giov. dei Fiorentini
Vic. Orbitelli
Vic. Palle
Via d. Mte Giordano
Via Vetrina
Vic. d. Mte Vecchio
V. Arco d. Pace
V. Volpe
V. d. Tor Sang.
V. d. Lorenesi
S. Maria d. Pace
S. Maria d. Anima
Piazza S. Agnese in Agone
Navona
Via V. Orsini
Pza d. Orologio
Via d. Coralli
V. Fico
Via d. Vacche
V. d. Pace
V. Fossa
V. di Tor Millina
Via d. Parione
Via d. Teatro Pace
Via Anima
N. S. d. Sacro Cuore
Pal. Sacchetti
Vic. Cefalo
Vic. Sugarelli
V. Pavone
Vittorio
Via Sforza
V. Filippini
Chiesa Nuova
Via d. Governo Vecchio
Vic. Governo Vecchio
Pal. Pamphili
Pasquino
Lungotev. d. Sangallo
V. d. Bresciani
Via Giulia
Via d. Banchi Vecchi
Vic. Cellini
V. d. Cartari
Piazza d. Chiesa Nuova
Via Sora
Via Savelli
Vic. d. Cancelleria
V. Leutari
Vecchio
Pal. Braschi Museo di Roma
3
V. Gonfalone
Vic. Scimmia
Vic. Prigioni
V. d. Carceri
Mal-passo
Via Larga
V. Cerri
Via del Pellegrino
Emanuele II
Via Pantaleo
Piazza S. Pantaleo
Lung. Gianicolense
S. F. Neri
Pza d. Ricci
Pal. d. Cancelleria
Largo L. Perosi
REGOLA
Via dei Cappellari
V. Bovari
V. Baullari
Via
Ponte G. Mazzini
Lungotevere
Via di S. Eligio
V. d. Barchetta
Via di Monserrato
Via di Montoro
Pellegrino
V. Gallo
Piazza Campo de Fiori
Pza Pollarola
Teatro Pompeii
Carceri di Regina Coeli
4
Via di S. Francesco di Sales
Lungotevere della
V. S. Caterina
V. d. Armata
V. S. Girolamo
V. d. Farnesi
Piazza Farnese
V. Corda
Vic. Balestrari
Via d. Grotte
Pal. Falconieri
Pal. Farnese
V. d. Giglio
Vicolo della Penitenza
Via della Penitenza
dei
Via Mascherone
V. d. Polverona
Capo Ferro
Vic. d. Grotte
Via Arco del Monte
Via dei Riari
La Farnesina
Lungotevere dei Tebaldi
Pal. Spada
Vic. d. Arcaccio
V. d. Pettinari
Pza d. Trinità di
Palazzo Corsini
Fiume
Giulia
Pza S. Vincenzo Pallotti
Via d. Conservatori
Minis
Gal. Naz. d'Arte Antica
Via della Lungara
d. Farnesina
Largo Cristina di Svezia
Vic. V. Moroni
5 Parco Gianicolense
Via Corsini
Pal. Torlonia
V. Moroni
Ponte Sisto
Lung. d.
Via d. Zoccolette
Via Garibaldi
Via d. Scala
Via V. Benedetta
V. d. Pte Sisto
Pza Trilussa
Tevere
Va
S.M. della Scala
Museo Torlonia
Lung. R. Sanzio
G.
Via d. Mattonato
Vic. Scala
V. del Leop.
Scala
Vic. d. Bologna
Vic. d. Cinque
Via d. Politeama
Vic. Renzi
Via del Moro
Vicolo Panieri
V. del Cedro
Pza S. Egidio
Via d. Pelliccia
Vic d. Renella
V. d. Renella
Via G.
Via d. Panieri
Vic. del
Museo d. Folclore Romano
V. del Piede
Pza Apollonia
S. Margherita
Via S. Rufina
Via d. Moden
6
200 m
Vic. d. Frusta
Via della
S. Maria in Trastevere
Pza T. Arquati
Via Porta S. Pancrazio
S. Calisto
Via d. Arco di S. Calisto

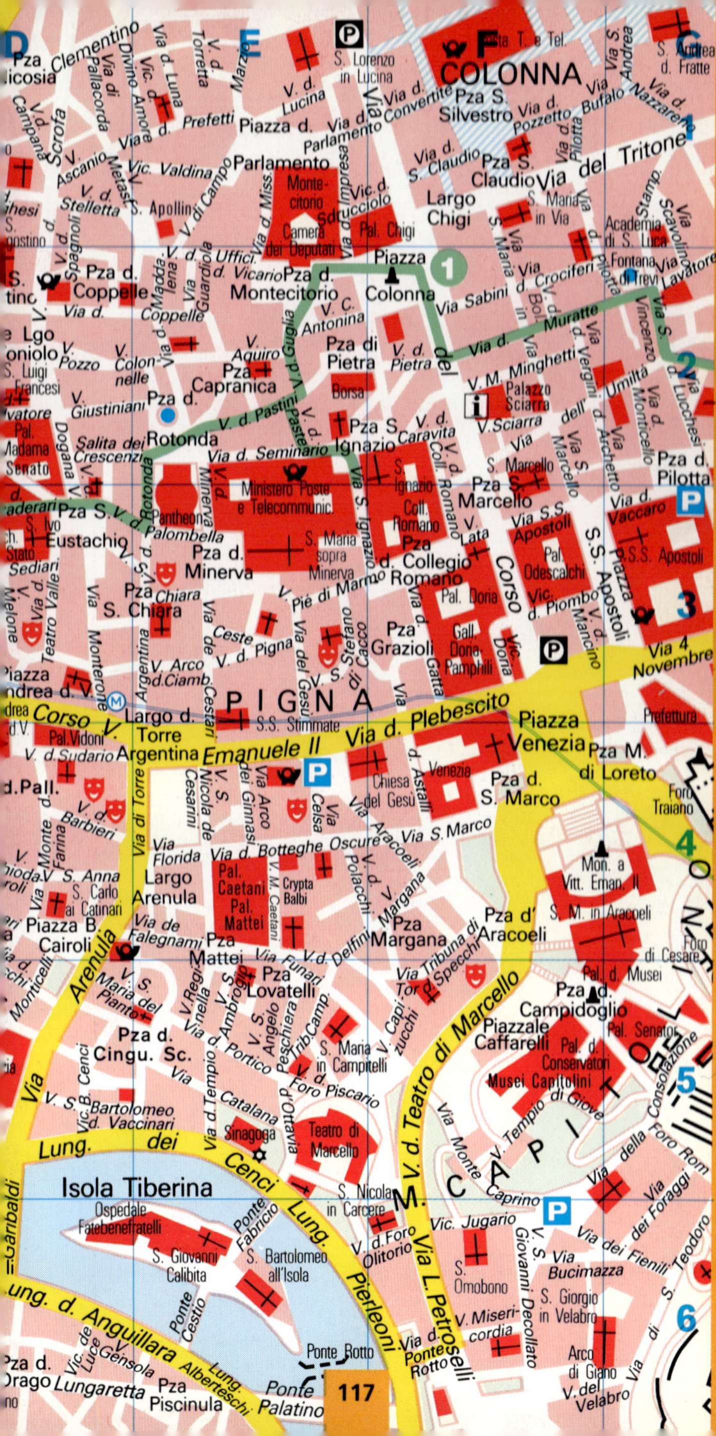

D
E
F
G
COLONNA
PIGNA
CAPITOLINO
Isola Tiberina
Pza Clementino
Via di Pallacorda
Vic. d. Divino Amore
Via d. Luna
V. d. Torretta
Marzio
S. Lorenzo in Lucina
V. d. Lucina
Posta T. e Tel.
S. Andrea d. Fratte
Via d. Nazzareno
Via S. Andrea
Pza S. Silvestro
Via d. Pozzetto
Via d. Bufalo
Via d. Convertite
Via d. Prefetti
Piazza d. Parlamento
Via d. Parlamento
Via d. Campana
V. d. Scrofa
V. Ascanio
Metastasio
Vic. Valdina
Parlamento
Montecitorio
Camera dei Deputati
Via d. Impresa
Vic. d. Sdrucciolo
Pal. Chigi
Via d. S. Claudio
Pza S. Claudio
Via del Tritone
Largo Chigi
S. Maria in Via
Academia di S. Luca
Fontana di Trevi
Via d. Stamperia
Via Scavolino
Via Lavatore
V. d. Stelletta
S. Apollinare
V. di Campo Marzio
Uffici d. Vicario
Pza d. Montecitorio
Piazza Colonna
Via Sabini
Via d. Crociferi
Via d. Pilotta
S. Agostino
V. d. Spagnoli
Pza d. Coppelle
Via d. Coppelle
Via d. Maddalena
Via Guardiola
V. C. Antonina
Via d. Muratte
Via S. Vincenzo
Lgo Toniolo
S. Luigi Francesi
V. Pozzo
V. Colonnelle
Pza Capranica
V. Aquiro
V. d. Guglia
Pza di Pietra
V. d. Pietra
Via del Corso
Borsa
V. M. Minghetti
Palazzo Sciarra
V. Sciarra
Via d. Vergini
Umiltà
Via d. Monticello
Via d. Lucchesi
Via dell' Archetto
V. Giustiniani
Pza d. Rotonda
V. d. Pastini
V. d. Pastini
Pza S. Ignazio
V. d. Caravita
Via d. Seminario
Pal. Madama
Senato
Salita dei Crescenzi
Via Rotonda
Via d. Dogana Vecchia
Ministero Poste e Telecommunic.
S. Ignazio
Coll. Romano
Via d. Coll. Romano
Pza S. Marcello
S. Marcello
Via S. Marcello
Pza d. Pilotta
Via d. Vaccaro
Pza S. Eustachio
Pantheon
V. d. Palombella
S. Ivo
Stato
Sediari
V. d. Minerva
Via S. Ignazio
Pza d. Collegio Romano
V. Lata
Via S.S. Apostoli
Pal. Odescalchi
S.S. Apostoli
Piazza S.S. Apostoli
Pza d. Minerva
S. Maria sopra Minerva
Pié di Marmo
Pal. Doria
Corso
Vic. d. Piombo
V. d. Mancino
Via d. Melone
Via d. Teatro Valle
Pza S. Chiara
Via Monterone
Via d. Chiara
Ceste
V. d. Pigna
Via del Gesù
Via Stefano di Cacco
Pza Grazioli
Gall. Doria-Pamphili
Vic. Doria
Via Gatta
Via 4 Novembre
Piazza Andrea d. Valle
V. Arco d. Ciamb.
Via de Cestari
Argentina
V. S. Stefano
Corso V. Emanuele II
Pal. Vidoni
Largo d. Torre Argentina
S.S. Stimmate
Via d. Plebescito
Piazza Venezia
Prefettura
Pza M. di Loreto
V. d. Sudario
d. Pall.
V. d. Barbieri
Via d. Monte d. Farina
Via di Torre Argentina
V. S. Nicola de Cesarini
Via d. Ginnasi
Via Arco
Via Celsa
Chiesa del Gesù
Via d. Astalli
Venezia
Pza d. S. Marco
Foro Traiano
Via Aracoeli
Via S. Marco
Via Florida
Via d. Botteghe Oscure
Largo Arenula
Pal. Caetani
Pal. Mattei
V. M. Caetani
Crypta Balbi
Via Polacchi
V. Margana
Mon. a Vitt. Eman. II
V. S. Anna
S. Carlo ai Catinari
Piazza B. Cairoli
Via de Falegnami
Pza Mattei
Via Funari
V. d. Delfini
Pza Margana
Via Tribuna di Tor de Specchi
Pza d' Aracoeli
S. M. in Aracoeli
Foro di Cesare
Via Arenula
V. S. Maria del Pianto
V. Reginella
V. S. Ambrogio
Pza Lovatelli
V. S. Angelo Peschiera
Trib. Camp.
Via Capizucchi
Pal. d. Musei
Pza d. Campidoglio
Piazzale Caffarelli
Pal. Senatorio
Pal. d. Conservatori
Musei Capitolini
Pza d. Cingu. Sc.
Via d. Portico d'Ottavia
S. Maria in Campitelli
V. d. Foro Piscario
V. d. Teatro di Marcello
Via della Consolazione
Foro Rom.
V. S. Bartolomeo d. Vaccinari
Vic. B. Cenci
Via Catalana
V. d. Tempio
Sinagoga
Teatro di Marcello
Via Monte Caprino
V. Tempio di Giove
Lung. dei Cenci
Lung. Pierleoni
S. Nicola in Carcere
V. d. Foro Olitorio
Vic. Jugario
V. S. Giovanni Decollato
Via della Foraggi
Via dei Fienili
Via S. Teodoro
Garibaldi
Ospedale Fatebenefratelli
S. Giovanni Calibita
Ponte Fabricio
S. Bartolomeo all'Isola
S. Omobono
Via Bucimazza
S. Giorgio in Velabro
Via L. Petroselli
Lung. d. Anguillara
Ponte Cestio
Vic. de Luce
V. Gensola
Ponte Rotto
Via d. Ponte Rotto
V. Misericordia
Arco di Giano
V. del Velabro
Via di S. Teodoro
Pza d. Drago
Lungaretta
Pza Piscinula
Lung. Alberteschi
Ponte Palatino
1
2
3
4
5
6

A
B
C
1
2
3
4
5
6
250 m
TRIONFALE
Città Giudiziaria
Piazzale Clodio
Viale Giuseppe Mazzini
Viale Angelico
Via Teulada
Circonval. Clodia
Circonval. Trionfale
V. dei Cavalieri di Vittorio Veneto
Trionfale
RAI Televisione
RAI Radio
Piazza Bainsizza
Viale Carso
Via Muggia
Via Dardanelli
Via Sabotino
Viale Monte Santo
Via Vodice
Via Mte Nero
Via Golametto
S. Lucia
Via Faravelli
Via Caorle
Strozzi
Via Carlo Mirabello
Via A. Bafile
Pza d. Prati degli Strozzi
Via Racchia
Via Palumbo
Via di Bruno Emilio Faà
Via Premuda
Via Cunfida
Via Riccardo Grazioli Lante
Via Rodi
Via C. Morin
Via Buccari
Via Giovanni Bettolo
Via della Giuliana
Via Simone De S. Bon
Pza Giov. Italia
Via S. Pellico
Via P. Borsieri
Viale delle Milizie
Via Gen. Dalla Chiesa
Ple Socrate
Aristotele
Via Fedro
Via A. Labriola
Via S. Tommaso d'Aquino
Via Medaglie d'Oro
Via Bernardino Telesio
Via G. Bruno
Campanella
Via P. Giannone
Via Savonarola
S. Giuseppe
S. Giov. A. Thouret
Via Caporali
Via Rossetti
Via A. Varisco
Viale Andrea Doria
Lgo Trionfale
Via Famagosta
Via Ostia
Via Tolemaide
Via Goletta
Via Santamaura
Via Tunisi
Piazzale degli Eroi
Via Luigi Rizzo
V. V. Pisani
Via F. Caracciolo
Via R. Di Lauria
Via Mocenigo
Viale Giulio Cesare
Ottaviano-S. Pietro
Via Barletta
Via Ottaviano
Via Vespasiano
Via Otranto
Viale Candia
Via Veniero
Via Scipioni
Via Caio Mario
Via Germanico
Via F. Massimo
Via degli S. S. Rosario
Pza dell'Unità
Via Cola di Rienzo
Via Properzio
Via Tibullo
Via Cipro
Valle Aurelia
Cipro Mus. Vaticani
Pza di S. Maria delle Grazie
S. M. dei Miracoli
Viale Vaticano
Via Leone IV
Pza del Risorgimento
Via Emo
Via Angelo Emo
Via Fra Albenzio
Via Sivori
Via Bragadin
Via A. Canal
Clivo d. Mura Vaticane
Città del Vaticano
Musei Vaticani
Palazzi del Vaticano
Belvedere
Capp. Sistina
Governatorato
Basilica di S. Pietro
Radio Vaticana
Stazione
Piazza S. Pietro
Pza Pio XII
V. d. Conciliazione
Via di Porta Angelica
Borgo Angelico
V. S. Porcari
Borgo Vittorio
Borgo Pio
Via Vitelleschi
Via Crescenzio
Borgo S. Spirito
S. Spirito in Sassia
Via dei Corridori
Via Tipografia
Via Pio X
V. Posta V.
Via del Pellegrino
Via Grazie
Via Mascherino
Via Falco
Via Plauto
Via Orfeo
Lgo Pta Cavalleggeri
Via Teutonica
Via del Sant'Uffizio
Via Stazione Vaticana
V. Pta Cavalleggeri
Via Aurelia
Via di Villa Alberici
Via Gregorio VII
Via Paolo III
Via Sergio I
Via Leone IX
Via Benedetto XIV
Clivo Antonio Nicolò V
Via Pertusa
Divi Gregorio VII
Via di S. Maria Mediatrice
Via del Cottolengo
Via del Gelsomino
Via d. Bentivoglio
Via di Monte del Gallo
Via Innocenzo III
Via Lago Terrione
Via di S. Pietro
Staz. S. Pietro
Via delle Fornaci
S. M. alle Fornaci
Via Nicolò III
Via Aldo De Gasperi
Via Alessandro III
Via S. Telesforo
Via delle Mura Aurelie
Gal. Pr. Amadeo Savoia-A.
Via Penitenzieri
S. Onofrio
Sal. di S. Onofrio
Pal. Salviati
Pza d. Rovere
Via del Gianicolo
Porta dell'Anfiteatro
Rampa Brancal.
Via Silverio
122
118
2